JN409395

아직은 참 좋을 때

김덕남 수필집

아직은 참 좋을 때

인쇄 2017년 9월 10일
발행 2017년 9월 13일

저자 | 김덕남
발행인 | 서정환
발행처 | 수필과비평사

출판등록 제465-1984-000004호
주소 03132 서울시 종로구 삼일대로 32길 36
(익선동 30-6 운현신화타워 빌딩) 305호
전화 (02) 3675-5633, (063) 275-4000 **팩스** (063) 274-3131
이메일 essay321@hanmail.net

값 15,000원

ISBN 979-11-5933-115-2 03810

「이 도서의 국립중앙도서관 출판예정도서목록(CIP)은 서지정보유통지원시스템 홈페이지(http://seoji.nl.go.kr)와 국가자료공동목록시스템(http://www.nl.go.kr/kolisnet)에서 이용하실 수 있습니다.(CIP제어번호: CIP2017023084)」

아직은
참 좋을 때

김덕남 수필집

수필과비평사

중학교 시절, 국어 선생님께 뽑힌 제 글이
여러 학급에 소개될 때마다 느꼈던 희열은,
지금도 가끔 기분 좋은 감동으로 기억되곤 합니다.

그
러
나
글 쓰는 일을
직업으로 갖겠다고 꿈꾸어본 적은
단 한 번도 없었습니다.

▩ 작가의 말

몇 년 전, 인생 후반기에 저는 생각지도 못한 큰 시련을 겪었습니다. 다행히 기도의 힘은 천 길 낭떠러지에서도 기적을 만들고 저를 그 고통에서 조금씩 풀려나게 했습니다.

정신적 우울감에 갇혀 있던 제 안의 것들이 꿈틀대며 컴퓨터 자판을 두드리게 했고, 밤을 잊게 했습니다. 그러고 나면 후련해져서 스스로 알 수 없는 즐거움을 느끼기도 했습니다. 그런 저를 어느 누구보다도 남편이 반기며 기뻐했고, 엄마를 걱정하던 우리 아이들도 무척 좋아했습니다.

그렇게 썼던 글들이 제법 많이 모였습니다. 그러나 이제 와 되돌아보니 유치하기 짝이 없는 글들뿐이었습니다. 문장에 오류도 많고, 문학적인 미학도 없는 글이었습니다.

글쓰기 공부를 하다 보니 이제 어떤 글이 좋은 글이고, 어떻게 써야 글다운 글이라는 것을 조금은 알 것 같습니다. 그러나 문장에 대한 이해는 좀 되더라도, 아직은 제 능력의 한계가 있다는 게 숨길 수 없는 사실입니다. 좀 더 수련하고 조금이라도 더 글다운 글에 가까워질 때쯤, 저도 수필 같은 책 한 권 펴내고 싶었습니다.

올 가을은 제가 칠순이 되는 계절입니다. 그 기념으로 묵혀 둔 제 글들을 수필집으로 엮겠다며 아이들이 부추겼습니다. 한 번은 털어내야 한다는 주위의 말씀 따라 문학적인 사명감도 없이 써 온 부족한 글들을 용기 내어 결국 이렇게 세상에 내놓게 되었습니다.

솔직한 고백을 하자면, 제 글의 우선 독자는 우리 아이들이고 우리 집안에 국한된다고 쉽게 생각했습니다. 그래서 그동안 전하지 못했던 제 마음을 글을 통해서나마 그들에게 더 많이 털어놓고 사랑을 전하고 싶기도 했습니다.

하지만 우리 가족들의 이야기와 저를 드러내놓는 자서自書적인 글을 선집選集과정에서 많이 걸러냈습니다. 그럼에도 대부분 글이 결국 그 범주를 벗어나지 못하고 만 것 같아 마음이 결코 편하지 못합니다.

다행스러운 일은, 자기도취에 빠진 글이었지만 글 쓰는 시간만큼은 행복했다는 일입니다. 앞으로 제 건강이 허락하는 날까지 저의 유일한 취미인 그림 그리기와 함께 글쓰기만은 멈추지 않으려 합니다.

글과 인연을 맺고 지도해주신 평생교육원 김학 교수님, 한경선 교수님 그리고 친히 제 글을 살펴주신 전일환 교수님께 깊은 감사를 드립니다. 또한 '서정과 서사'의 글쓰기로 이끌어주신 《에세이스트》 김종완 대표님과 문학회 글벗님들께도 고마움을 전합니다.

2017. 가을.

김 덕 남

차례

제1부
돌아갈 수 없어 그리운 것들

제2부

흘러가는 물인 것을

제3부

삶의 빛

제4부

평범한 일상이 행복이란다

제5부

우리가 남인가

제6부

산비둘기는 내 마음에서 울고

제1부

돌아갈 수 없어 그리운 것들

2015.1.6

어린 기억, 둘

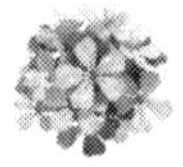

사천왕

검정 가운에 사각모를 쓰고 졸업장을 비스듬히 말아 쥔 내 유치원 졸업 모습은, 수십 년 시간을 거슬러 단기 4287년의 세월에 멈춰 있다. 아스라한 흑백 사진 속의 그 순간으로 타임머신을 돌리면 지금도 잊히지 않는 두 그림을 떠올리게 한다.

원족(소풍) 가던 날 아침, 유치원 앞에서 검정 치마에 흰 저고리를 입은 양 갈래머리의 이 선생님은 울먹이는 나를 달래느라 애썼고, 파마머리에 흰 무명 치마저고리의 고운 어머니는, 발을 동동 구르며 몹시 속상해하셨다.

다른 어머니들은 음식 보따리를 들고 자기 아이를 챙겨 나를 두고 그대로 떠났다. 무슨 일로 내가 정신을 팔고 해찰을 했는지, 소풍 간다는 것을 까마득히 몰랐다. 뒤늦게 연락을 받고 달려온 어머니는 나보다 더 일그러진 표정으로 애가 타 어찌할 줄 몰라 하셨다.

돌아와, 아이들은 소풍 가서 재미있게 지낸 일들을 나에게 자랑하기 바빴다. 수건돌리기 놀이야 짐작이 갔지만, 눈이 엄청 크고 무섭게 생긴 큰 사람들이 칼을 들고 있었다는 별천지 같은 이야기는 어디서 무엇을 보고 와서 하는 이야기인지 상상이 안 갔다.

어머니도 애석한 소풍 이야기를 더는 꺼내지 않아, 아이들이 다녀온 무시무시한 그곳을 전하지도 못했다. 못 본 것은 늘 궁금증을 낳고, 안 해 본 것은 늘 미련이 남는 법인가. 한동안 나는 그 별천지를 가슴에 담고 궁금해하며 소풍을 따라가지 못한 것을 무척 아쉬워하고 후회스러워했다.

철이 든 후 사찰을 찾아 여행할 때마다, 그때 아이들이 나를 궁금증으로 몰고 간 별천지는, 절 입구에 서 있던 부리부리한 모습의 사천왕 이야기였다는 것을 연결 지으며 아쉬웠던 응어리도 풀려 갔다.

소풍을 갈 때마다 어머니가 김밥을 싸서 담던 3단 둥근 나무 찬합은 그날 그렇게 쓸쓸했던 내 마음처럼 덩그러니 비어 있었다.

울보 아이

살빛이 희고 눈썹이 새까맣던 귀공자 얼굴의 작은 아이가 언젠가부터 우리 유치원에 나타나 나의 보호 본능을 자극했다. 그 아이는 여러 여자아이에게도 경쟁적인 관심을 받았다.

김 선생님이 풍금을 치면, 나는 그 남자아이의 손을 먼저 잡고 둥그렇게 원을 만들며 갈래머리를 한 예쁜 이 선생님을 따라 노래를 부르고 율동을 했다.

선생님들의 동화구연은 늘 우리를 상상의 꿈속으로 빠져들게 했다. 왕비도 되었다가 마녀도 되었다가 백설 공주도 되던 선생님의 목소리와 표정은, 수선스럽던 남자아이들마저 사로잡곤 했다.

들장미라는 제목쯤이었을까? 주말이면 부모님이 면회를 오는 귀족 사립학교를 배경으로 한 이야기였다. 나무 밑에 쓸쓸히 앉아 만날 수 없는 어머니를 그리는 어린 남자 주인공의 슬픔이 절정에 이를 때, 어느 쪽에선가 훌쩍거리는 소리가 났다. 그 작은 남자아이였다. 아이는 점점 울음을 키우며 고르지 못한 숨을 내쉬었고, 당황한 선생님은 아이를 품에 안고 토닥거려 달랬다. 울음을 멈춘 아이는 선생님의 품에서 그대로 잠들었다.

그 후도 우리는 종종 선생님을 둘러싸고 앉아 이야기를 재촉하곤 했다. 선생님은 계모의 심한 구박에, 돌아가신 엄마가 보고 싶어 슬피 우는 콩쥐의 모습을 열연하셨다. 그때 그 남자아이가 또 큰 소리로 울었다. 아이는 의자에서 바닥으로 내려와 그대로 엎어지더니, 두 팔에 얼굴을 묻고 어깨를 들썩이며 울음을 멈추지 않았다. 선생님은 또 아이를 안고 교실 칸막이 뒤쪽으로 가셨고 우리는 잠시 어리둥절할 뿐이었다.

한동안 그 아이의 눈물 소동은 없었다. 이사를 했는지, 어느 날부터 그 아이는 유치원에서 볼 수가 없었다. 선생님들은 그 아이에 관해 이야기를 해주지 않았고 나도 잊었다. 나는 그 울보를 내 환상을 깬 연하의 유치한 동생쯤으로 치부해 버렸는지, 이름도 전혀 기억하고 있지 않다.

그런데 60여 년이 훌쩍 지난 지금, 내 호기심에서 사라졌던 그 아이의 근황이 문득문득 궁금해질 때가 있다. 군 복무는 씩씩하게 잘 마쳤을까?

유년의 방랑자

약장수들의 악극단 선전 트럭이 나팔꽃 모양의 확성기에 악극이 펼쳐질 장소와 시간을 알리며 한바탕 흥겨운 노래를 흘리고 신작로를 휘돌아 갔다. 서둘러 동네 여자들을 뒤따라 가보니 가설무대가 꾸며진 공터에는 노인네들이 일찌감치 나와 있었다. 신발짝을 깔개 삼아 맨 앞줄에 자리를 잡고 앉아 있으니 여기저기서 어른, 아이 할 것 없이 구름처럼 모여들었다.

시작을 알리는 징 소리가 울리자, 관객들은 모두 신이 나서 웅성웅성 야단들이었다. 심 봉사가 젖동냥하던 극이 한마당 끝나자 입담 좋던 각설이 분장을 한 남자와 여자가 구경꾼 사이를 비집고 다니며 회충약, 기계독 약, 그리고 이름 모를 약들을 돌리고 다녔다. 바람잡이 두 사람의 깡통에는 구겨진 지폐와 동전이 금세 수북하게 쌓였다.

점방 빈지문에 붙은 포스터 앞에서 동네 부인들이 갈매기 날개 같은 짙은 눈썹을 한 늠름하고 멋진 남자 주인공을 보며 호들갑을 떨었다. '임춘앵'이라는 유명한 여성국극단 남자 배우가 여자였다는 것을 그때야 알았다. 극에 끌린 아홉 살 어린 계집아이는 엄마를 졸라대 외삼촌에게 딸려 '백도 극장'으로 갔다. 「호동왕자와 낙랑공주」 극을 보며 돌아오는 길 내내, 배우들의 화려한 의상과 환상적인 무대 장치의 잔영이 계속 머릿속에 아른거려 떠나지 않았다.

집 가까이에 '시민 극장'이 있었다. 영화가 끝날 무렵이면 일시에 빠져나갈 관객들의 혼잡을 막으려고 기도企圖를 섰던 남자는 미리 여러 출구의 문을 열어 두곤 했다. 나는 그때마다 골목 쪽으로 나 있는 극장 옆문 앞에서 서성였다. 두꺼운 방음문이 여닫히면서 새어 나오는 영화의 마지막 몇 장면을 보기 위해서였다. 과자 부스러기를 주워 먹듯 이리저리 열심히 고개를 뺄 때, 극장을 나오는 여유롭고 즐거운 표정의 어른들이 그렇게 부러울 수가 없었다.

소년 가장 '윤복이'를 그린 「저 하늘에도 슬픔이」라는 영화는 초등학교 3학년이었던 내 눈물샘을 여지없이 자극한 세상에서 제일 슬픈 영화였다. 단체 관람 영화였던 「유관순 누나」를 보면서 왜놈 순사들에 당하는 옥중 고문 장면에서는 목을 놓고 우는 아이들로 극장 안은 한바탕 울음바다가 되기도 했다.

그 무렵에는 한국 전쟁영화나 반공 영화가 유난히 많았다. 국군들의 용맹한 전투 장면마다 어른이나 아이 할 것 없이 화면 속으로 우레 같은 박수를 보내며 열렬한 애국심을 보이기도 했다. 남자아이들은 우리나라와 나쁜 나라로 양분하여 영화보다 더 실감나는 따발총 소리를 흉내 내며 상기된 얼굴로 골목을 후비고 다니기도 했다.

고속 촬영 기법을 이용한 「생명의 신비」는 자연물 기록영화로 총천연색 외국 영화였다. 꽃봉오리에서 활짝 피어나는 순간까지 초고속 화면으로 포착한 신비로웠던 영상은 육십 년 전 하얀 도화지 같던 내 가슴에 큰 감동과 충격을 주었다.

'전주극장' 주인 딸은 5학년으로 나와 같은 반 아이였다. 키나 공부로나 친해질 수 없는 아이였지만, 그를 친구로 삼기 위해 지극한 공을 들여야 했다. 극장 2층으로 통하는 철제 계단은 친구네 살림집 넓은 마당과 연결되어 있었고, 오로지 나의 일념은, 그 계단을 올라 옆문의 암막을 제치고 무사 출입하는 것이었다. 영화 보는 일을 세상 그 어느 재미에 비길 수 있으랴. 요즘 아이들이 몰입하는 전자 게임만큼이나 나에게 고칠 수 없는 중독이 되어 갔다.

그렇게 여과 없이 영화 구경에 흠뻑 빠져들면서 「목포의 눈물」이라는 멜로물까지 관람하게 되었다. 어린 마음이 눈물의 여왕 '전옥'이란 전설적인 여자 배우의 입장에서 아픈 사랑의 마음을 헤아리기도 했다. '뚱뚱이와 홀쭉이'의 만담으로 시작되는 무대 쇼는 화려한 조명 아래 현란한 캉캉 춤의 또 다른 별천지였다.

중학교 입시가 있던 졸업반 시절, 친구 집에서 공부하며 저녁까지 먹게 되던 일요일이었다. 그 아이 엄마는 딸이 반장인 나와 친구로 지내는 걸 무척 좋아했고 대접도 잘해주셨다. 친구네 가족이 저녁에 영화를 보러 간다는 소리를 듣고 나는 안절부절못했다. 그날 저녁, 부모님 허락을 받았다며 집에 다녀온 척 거짓말까지 하고 그들을 따라나섰다.

「별아 내 가슴에」는 어른들 사이에서 화제가 되었던 성인 영화였다. 신이 나서 잊고 있던 식구들의 얼굴이 걱정으로 밀려온 건 영화관을 나오던 자정이 가까울 때였다. 시외버스 터미널이 있던 '중앙극장'에서부터 태평동의 집까지 몇 사거리를 정신없이 내달렸다. 온 식구들은 잠도 안 자고 모두 나를 기다리고 있었다.

고개도 못 들고 대문을 들어오는 내 모습을 불빛에 비춰보던 어머니가 달려 나와 소리 죽여 주먹질 시늉을 하며 내 팔을 끌었다. 아버지는 한숨을 길게 몰아쉬며 "이리 올라와, 몽둥이 어디 있어." 하고 소리치셨다. "어서 자거라." 할머니의 무겁고 짤막한 말씀에 소란 없이 그 밤을 무사히 넘겼다.

전화도 없던 시절, 엄마는 얼마나 애를 태우며 온 동네를 헤매고 다니셨을지…. 결혼한 뒤, 둘째를 잃어버리고 밤늦도록 울며 헤매다가 겨우 아이를 찾았을 때, 그날의 엄마 심정을 깊이 이해할 수 있었다.

서른에 혼자된 둘째 이모가 큰길 쪽으로 난 우리 집 대문 옆에 작은 가게를 열 때, 이웃 파출소에 근무하던 젊은 순경은 이모 가게를 자주 들렀다. 순경은 극장 질서를 지키는 특무가 있어 영화관을 자유롭게 드나들 수 있었다. 나는 이모 덕에 「삼총사」, 「킹콩」, 「상록수」, 「사랑방 손님과 어머니」, 「성춘향」 등등 꽤 많은 공짜 영화를 즐길 수 있었다. 해마다 우등상과 품행상을 거르지 않고 받아오는 딸을 모범생으로 믿어 주시던 부모님은 영화에 빠진 어린 딸을 그다지 크게 걱정하지 않으셨다.

나의 중학교 시절은 읽을거리도 볼거리도 비교적 척박했다. 내 또래 아이들도 나처럼 영화의 유혹을 뿌리치지 못했다. 호기심 많은 반 아이들 몇몇이 사복에 스카프로 위장하고 '시민 극장' 에서 상영하던 「촌색시」란 성인 영화를 보다, 미성년 극장 출입을 감시하던 순경에 발각되었다. 학칙을 어긴 친구들의 1주일 정학처분 공고가 벽보로 나붙었다. 영화의 재미에 빠져들던 내 방랑벽은 엄한 학교 규율에 놀랍도록 억제력을 보였다.

뒹구는 낙엽만 보아도 시인이 되던 마음 여리고 눈물 많은 여고 시절, 학교 측에서는 목말라하던 우리들의 감성을 무지갯빛으로 아름답게 채워 주려 애썼다. 유명한 그림이나 클래식 명곡 감상의 기회를 늘리려 의도적으로 독특한 과제를 내주었다. 그리고 단체 영화 관람 기회도 대폭 늘려주었다. 「바람과 함께 사라지다」, 「파계」, 「전쟁과 평화」, 「십계」, 「장발장」, 「모세」, 「부활」, 「왕과 나」, 「대장 부리바」, 「웨스트사이드 스토리」, 「에덴의 동쪽」 그리고 「벤허」 등 무수한 명화가 쏟아지던 시기였다.

그 뒤로도 성인이 되어 감상했던 '삼남 극장' 상영의 「닥터 지바고」와 「사운드 오브 뮤직」 '코리아 극장' 의 「인디아나 존스」 등 감명 깊고 흥미롭던 좋은 영화들을 많이 볼 기회를 가졌지만, 스펀지처럼 무한한 감성으로 빨아들이던 유, 청소년 시절의 가치를 대신할 순 없었다.

어린 시절 그렇게도 보고 싶어 했던 영화들. 이제는 화질 좋은 대형 화면과 음향으로 지구촌 70억 인구의 생생한 생활 장면과 여러 곳의 풍광까지도 방안에서 편안하게 즐길 수 있게 되었다.

오늘은 추억의 방화가 상영되는 날이다. '찌리 리 리--잉!' 영화의 시작을 알리며 나를 흥분시키던 극장 천장 위의 금속성 벨 소리를 떠올린다. 오래된 필름인지, 눈을 시리게 하는 영화의 TV 화면 앞에서 나는 다시 유년의 방랑자로 돌아가 이 밤을 잊고 있다.

Re: 궁금하구나

보낸사람 : 신계이 <gayshin@yahoo.co.kr> 13.12.06 13:00

받는사람 : 줄리 <july7085@hanmail.net>

보낸날짜 : 2013년 12월 06일 금요일, 13시 00분 02초 +0900

메일 내용

보고 싶고 사랑하는 우리 엄마.

엄마로부터 메일이 오면 바로 신호음을 울리게 해놓아서 읽을 수는 있었는데, 답장을 보낼 수가 없었어요. 병원에서 돌아와 밥 먹고 잠깐 잠들었다가 지금에서야 답장을 올려요. 그렇지 않아도 엄마 글을 많이 기다렸는데, 오늘 밤 엄마 글 읽으며 잠들게 될 것 같아요.

찰리 채플린 무성영화를 해주네요. 엄마가 보시면 너무 재밌어 할텐데.

아빠 엄마 잘 지내시고 건강 괜찮으신 것이 가장 기쁜 소식이에요.

어젯밤에 지수학교에서 오케스트라 공연한다고 해서 갔어요. 자리가 나빠서 사진은 잘 못 찍었지만 그것이라도 페이스북에 올렸습니다.

여기도 다 잘 지내고 있어요. 오늘은 비자 문제에도 좋은 소식이 있어서 일하는 데 힘이 났습니다.

엄마 안녕히 계세요.

나의 iPad에서 보냄

어머니의 떡시루

골목 친구 순자가 어른 손바닥만 한, 팥시루떡 한 장을 들고 아침나절에 우리 집 대문 앞에 나타났다. 자기 외할머니가 떡이랑 전이랑 맛있는 것을 많이 가져왔다며 두 팔을 둥그렇게 휘돌리며 자랑을 하고 행복한 표정을 지었다. 부러워하는 내 눈길을 보고는 고개까지 흔들어가며 한입 베어 물 때마다 연신 뒷짐으로 떡을 감추었다. 빨래를 널던 어머니가 야금거리는 순자를 향해 이르셨다.

"느그 집 가서 먹어라."

내 나이 열 살 무렵, 쌀이 귀하던 그 시절엔 떡은 특별한 날이 아니고는 아무 때나 흔하게 먹을 수 있는 것이 아니었다.

어느 날, 어머니가 내 생일 떡을 찌려고 불린 쌀을 들고 방앗간에 다녀오셨다. 장독대에서 한가롭던 오지 시루를 챙겨 들고 나와 지푸라기 몇 가닥을 쑥쑥 훑고는 네모지게 매듭을 엮어 크고 작은 시루 구멍을 막았다.

고슬고슬하게 삶아 찧어둔 팥고물을 시루 바닥에 깔고 복찌깨로 양을 잰 쌀가루를 살포시 한 줌씩 쥐어가며 하얀 눈처럼 솔솔 뿌렸다. 그리고는 힘을 뺀 네 손가락 끝으로 아기 얼굴을 매만지듯 살살 고르며 떡 층을 쌓아갔다.

떡시루를 솥에 조심스럽게 올리고 시루와 솥이 겹치는 빈틈을 빙 둘러가며 반죽한 것으로 가지런히 번을 붙이셨다. 장작불이 벌겋게 타오르는 부뚜막 앞에서 어머니는 두 손을 맞대고 머리를 조아리며 잠시 무슨 말인가를 중얼거리셨다.

"시루뻔 터징게 오줌 싸지 마라."

어머니는 명절날이나 우리 생일 떡을 찔 때마다 똑같은 말을 하셨다. 시룻번이 터져 김이 새면 떡이 잘 안 쪄질 것이라는 이치는 짐작할 나이였지만, '오줌 누는 일이 시룻번 터지는 것과 무슨 상관이 있을까?' 이해가 안 되었다. 그러나 나는 떡이 쪄질 때까지 어머니의 금기사항을 잘 지켰다.

어머니가 낮밥을 챙겨두고 가끔 곗방에 다녀오마고 하실 때는 그곳이 뭐하는 곳일까 참 궁금했었다. 어느 날은 우리 집이

젯방이라며 아침부터 알밤을 까고 대추씨를 바르는 등 음식 장만으로 작은 내 손까지 빌리며 분주하셨다. 그리고 제일 큰 시루를 들고 와 약밥을 찌셨다.

대추 물에 흑설탕과 간장을 넣어 졸이고 참기름을 부어가며 먼저 쪄낸 고두밥에 버무려 다시 시루를 솥에 올렸다. 깎은 밤과 대추와 고소한 추자까지 넣고도 내내 음식 맛을 걱정하셨다.

"간이 맞을랑가 모르것네, 맛있어야 헐틴디."

그날 안방 그득히 모인 아주머니들은 얌전네 솜씨라 음식들이 다 맛나다며 입을 모아 칭찬했고, 어머니는 시끌벅적한 방 한쪽에서 꽤 많은 돈다발을 세며 웃고 계셨다.

여동생과 함께 팔뚝에 우두 주사를 맞던 날, 떡을 찔 준비를 하며 콩을 삶는 어머니께 오늘이 무슨 날이냐고 묻고는 나는 강낭콩 떡은 싫다고 투정을 했다.

"콩나물 집 할머니 얼굴 못 봤어? 우두 맞은 자리가 강낭콩 모냥 이쁘게 딱지 떨어지라고 그러는 거여."

얼굴이 마맛자국으로 가득한 곰보 할머니 이야기를 꺼내던 어머니는, 감은 눈에 유난히 힘을 주고 떡시루 앞에서 두 손을 모아 오래 중얼거리셨다. 뒷집 영자 언니도 얼굴 전체가 움푹 움푹 파여, 아이들이 곰보딱지라고 놀릴 때마다 언니는 돌멩

이를 던지며 울었다.

설을 쇤 떡이 아직 남았는데, 어머니는 내일이 정월 초사흘이라며 또 고사떡을 찌셨다. 그날 밤 떡시루가 놓인 윗목에 꿇어앉은 어머니는, 열심히 손바닥을 비비며 중얼거렸고 들기름 인가를 채운 종지마다 우리 남매들의 심지는 밤새도록 불을 밝혔다. 명절날이면 으레 신트림까지 하면서도 떡에 집착하던 어린 떡보는 집에 떡이 그득하다는 것에 신이 나, 행복한 기분으로 잠이 들었다.

결혼하여 얼마 안 되던 해였다, 볍씨를 착각한 시아버님께서 모든 논에 찰벼를 심고 추수 때가 되어서야 그 일을 아셨다. 그 덕에 멥쌀보다 훨씬 비싼 찹쌀을 두 가마니나 보내셨다.

찰 것을 유난히 좋아했던 나는 당장 쌀을 불려 찧고 저녁 무렵 시루를 안쳤다. 어머니가 떡을 찌던 모습을 흉내 내며 무를 얇게 깎아 시루 구멍을 막고, 흰 가루와 팥고물을 한 켜씩 쌓는데 화장실이 급했다. 떡 안치는 일을 서둘러 마치고 시룻번을 붙인 뒤 일을 보고 돌아왔다. 쫀득하게 붙어 있던 시룻번 가장자리에서 '푸루루 픗 픗' 하고 풀대죽 끓는 소리가 났다. 이쪽저쪽에서 김이 새어 나왔다. 한번 뜨거워진 시루는 반죽 땜질도 힘들었다. 홍부 바지처럼 덕지덕지 때운 떡시루 속에서 찰 가루는 설익어 푸슬푸슬 한 채로 있고, 시루 벽 쪽으로 겨우 익은 떡은 너무 찰져 숟가락으로 힘들게 떼어 내던 그날, 어머니의 당부가 그런 거였나 싶었다.

설을 맞아 가래떡을 뽑느라고 동네 떡집이 붐볐다. 시퍼런 가스 불꽃 위에 놓인 네모나고 얄싸한 양은 시루에는 시룻번도 없고 뚜껑도 없다. 면 보자기만 덮어 놓은 떡시루에서는 뜨거운 김이 힘차게 뿜어 나오며 구수한 냄새를 진동시켰다. 떡은 잘만 쪄지고 있었다. 방앗간집 사람들은 모두들 오줌이 마려워도 잘 참고 있었던 걸까?

오줌 누는 일과 시룻번 터지는 상관관계를 나는 아직도 모른다. 다만 어머니의 무한 정성을 잴 만한 잣대는 어디에도 없다는 걸 알았을 뿐이다.

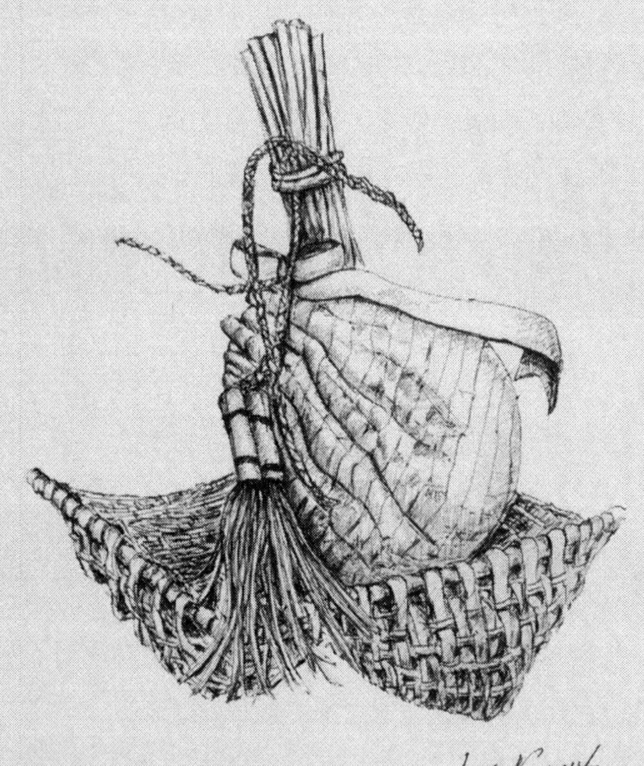

오늘도 감동했어요!

보낸사람 : 신승이 <seungyee@sbs.co.kr> 13.11.04 16:28

받는사람 : 줄리<july7085@hanmail.net>

보낸날짜 : 2013년 11월 04일 월요일, 16시 28분 13초 +0900

메일 내용

엄마 글을 읽다 보니까 서점에서 수필 한 권 읽은 느낌이 들어요. 아름답고 기발한 표현이 많아서 몇 개는 적어서 나중에 써먹고 싶을 정도예요.

엄마 글 중에서 제일 좋은 점이 뭐냐 하면, 바로 내가 몰랐던 (엄마가 글을 쓰지 않았다면 절대 몰랐을) 엄마의 어릴 적 이야기, 엄마의 꿈을 알게 된다는 거예요.

정말 지금이라도 얼마나 다행인 줄 몰라요. 저도 담은이에게 제 얘기를 글로 남겨주고 싶다는 생각이 절로 들어요.

엄마 화이팅!!!

엄마 글 모이면 꼭 책으로 선물해드릴게요~!!!

하고 많은 이름 중에

내 이름은 가장 흔한 김 씨 성에 충직한 사내를 연상케 하는 '덕남' 이다.

할아버지는 계집아이인 내 이름에 그렇게 우직한 이름을 달아 놓고도 모자라 사내 '남男' 자를 쓰셨다. 오로지 남동생 터를 팔라는 아들 선호 사상의 독단이셨다. 철든 훗날, 이름에 불만을 품던 내 볼멘 추궁에 밝혀진 일이지만, 그 일은 엄연한 삼신할미의 주관이지 내 이름자의 기운으로 결정되는 일은 아니었다. 포기를 모르시던 할아버지는 바로 밑의 여동생 이름 끝 자에도 기어이 아들 '자子' 를 쓰셨고, 그 지극함에 내리 손자 둘을 보셨다.

나는 1948년 후반에 태어났다. 그 당시 가장 많이 불리던 명자, 춘자 정도로만 붙여주었어도 지금껏 내 이름으로 투덜대는 일은 없었을 것이다. 성격도 이름을 닮아서인지, 내가 나를 보아도 나긋나긋하거나 상냥한 구석이라고는 찾아볼 수 없는 이름 그대로다. 남자 같은 이름이 싫어 가끔 어머니께 투정하면, "네 이름이 어때서? 여자아이가 사내 이름이면 벼슬할 이름이지."라고 포장하여 나를 치켜세웠지만, 내 딸아이만큼은 멋진 이름을 꼭 지어주겠노라는 결의로 반박을 대신했다.

철수와 영희는 1950~60년대 내가 배웠던 국어책에 자주 등장하는 일반적인 이름이었고, 바둑이는 친근한 가축의 대명사였다. 그런데, 그 시절 3학년 국어 교과서에 '덕남'이라는 이름이 실린 적이 있었다. 바른 윤리관을 주입하던 대표적 글자가 '덕德'이었고, 사내아이의 도덕 지향적 이름으로 '덕남'이는 당연히 그 글 속의 품행이 반듯한 도덕적 남자아이였다.

그래도 활자를 타고 만나는 내 이름이 반가웠다. 내가 내 이름을 불러대며 책을 읽는 동안, 반 아이들은 신기해하며 여기저기서 킥킥댔다.

고집스럽고 애교스럽지 못한 내 성격은 사내 '남男' 자의 이름 때문이라 믿는다. 지금도 가끔 툭 던지는 남편의 말 한마디에도 자존심 상하고 팩 토라져, 사나흘씩 입에서 군내가 나도록 닫아 버리는 못된 성격도 내 이름의 사내 '남男' 자 탓으로 돌리고 있다.

직장을 다니던 시절, 사전 교류가 없었던 원인도 있었지만, 이름만 보고 남자로 오해받아 만삭의 몸(아들 범규를 임신한)으로 최고학년의 담임과 힘든 업무를 맡아 잠시 애를 먹은 적도 있었다.

지금도 아쉬움으로 남는 일은 남편과의 연애 시절의 일이다. 연서戀書의 서두에는 흔히 '희야', '숙아', '은아' 하고 연인을 호칭하며 핑크빛 분위기를 돋우곤 했던 때이다. 그런데 애틋하고 아련한 감정을 깨버리는 남자 같은 내 이름은 낭만적인 글 단락마다 걸림돌이 되기 충분했다. 그래서인지, 남편은 보내온 글마다 호칭을 생략하고 본문으로 진지하게 들이댔다. 이건 순전히 투박하고 사내 같은 내 이름자의 탓이었다.

왜 사내 '남男' 자를 썼느냐는 원망은 인생 끝물인 이 시점에서도 사그라질 줄 모른다. 항상 생각에 그치고 말지만, 아직도 가끔 간지러운 여자 태를 부리고 싶을 때가 있다.

퇴근하면 매일같이 고운 한복으로 갈아입고 가야금을 뜯으며 남편의 피로를 풀어준다던 어느 선배처럼, 남편 사랑을 붙들어 맬 수는 없어도 여성스러운 삽삽함은 지금도 흉내 내고 싶은 나의 염원이다.

스물둘의 봄, 그곳에서는

심술을 부리는 꽃샘바람에도 아랑곳없이 햇병아리 교사의 마음은 따뜻한 희망으로 가득하다. 교육대학을 갓 졸업한 나는 20년 만에 고향을 떠나 첫 부임지로 나선다. 같은 학교로 발령을 받은 대학 동기 셋은 이불과 옷, 가방 그리고 김치 통 등 각자의 소소한 살림 도구를 들고 터미널에 모였다.

흙먼지 풀풀 날리는 고르지 못한 도로를 목재 바닥의 버스는 털털거리며 달린다. 버스 안은 통로까지 자리를 차지한 오만 가지 보따리들로 북새통을 이뤘고, 여러 곳에서 풍기는 독특한 냄새로 머리가 어지럽다.

발령장을 받기 위해 엊그제 낯선 고창을 다녀왔다. 그동안 외지에 나가본 일이 없던 나는 전주에서 왕복 여섯 시간이나 걸리는 비포장도로의 버스 멀미로 너무도 힘든 고통을 겪었다. 버스의 기름 냄새와 출렁대는 흔들림은 비워둔 위장을 여지없이 뒤집어 놓으며 집에 닿기 무섭게 주저앉아 쓸개즙까지 토해내게 했다.

설렘도 잠깐, 그 먼 곳을 다시 갈 일이 걱정이다. 버스가 달리자 벌써 입안에 기분 나쁜 군침이 모이기 시작한다. 쉬지 말고 계속 달리기나 했으면 좋으련만, 완행버스는 가다 멈추기를 반복하며 나를 괴롭힌다.

경유지인 정읍에서 크고 작은 보따리와 승객들 대부분이 내리고 아주머니 몇 분만이 자리를 지킨 채 졸고 있다. 잠시 버스에서 내려 큰 숨을 들이켜고 바람을 쐬며 가까스로 속을 진정시켰다. 담뱃불을 비벼 끄고 올라온 기사가 앞에 매달린 작은 거울로 우리 일행을 힐끗 치켜보고는, 조수의 '오라-잇' 소리에 시동을 다시 걸었다.

공사 중이던 도로의 자갈 무더기를 비켜 달리느라 버스가 한쪽으로 기우뚱하며 출렁이더니 엉덩방아를 찧게 한다. 목적지를 지나칠까 봐 간간이 차창 밖으로 실눈을 던진다. 뿌연 흙먼지를 내던 버스는 낯설지 않은 어느 삼거리에서 멈춰 섰다.

작년 가을, 교수님을 모시고 대학 미술부원들과 졸업 기념 1

박 2일 야외 스케치 행사로 '선운사'에 가면서 잠깐 쉬던 '흥덕 삼거리'다. 그날도 멀미를 견디지 못했던 나는, 이곳에서 황급히 내렸고 어느 약방 골목길로 들어서 담벼락 밑에다 울렁거리던 속을 비웠었다.

눈에 익은 가게들과 시골 장터, 그리고 그 골목길 입구에 쓰인 '신 약방'이란 간판이 그대로다. 이 삼거리는 전주, 정읍, 고창, 부안 등으로 갈리는 교통 요지라서 많은 사람으로 북적인다. 다시 출발한 버스가 얼마만큼 달리다 어느 담배 가게 앞에서 멈춰 섰다.

"선생 아가씨들 내려요. '신림초등학교' 다 왔어요."

아까부터 도착지를 벗어날까 봐 조바심내며 자꾸 묻던 우리를 내려놓고, 버스는 한바탕 흙먼지를 일구며 바람처럼 멀어져 갔다.

찻길 양쪽으로 넓은 빈 논을 따라 전봇대가 듬성듬성 서 있고, 멀리 동산의 솔숲은 겨울눈을 털어내고 고고한 채 푸르게 서 있다. 산골 일것이라 상상하며 도착한 학교 주변 마을의 첫 느낌은 아늑한 평야로 그런 내 걱정을 잠재운다. 다행히 학교도 정류장 바로 옆에 있어, 어머니의 염려를 덜 수 있었다.

칙칙한 겨울을 벗어나려는 2월의 마지막 날, 봄을 캐는 아낙들 위로 포근한 기운이 아른아른 피어오른다. 가게 남자는 우리를 알아보고 학교에 근무하는 '김 주사' 라며 먼저 인사를 건넨다. 이곳이 이제부터 얼마간 정착해야 할 내 새로운 인연의 터다.

초임지, 첫 시작, 첫 만남처럼, 처음이 주는 희망과 설렘 안에는 미지의 두려움도 있는 법. 성급히 봄기운을 느끼던 내 가슴으로, 불편할 시골 생활과 집을 떠나온 허허로움이 갑자기 시린 바람으로 파고든다.

운동장이 내려다보이는 언덕배기에 학교 건물이 아담하게 자리하고 있다. 비스듬한 언덕으로 기지개를 켜는 잔디는, 꽃망울을 품고 줄지어 선 아름드리 벚나무들과 함께 새봄의 기운을 힘차게 빨아올리고 있다.

벚꽃이 장관일 때쯤, 나는 선생님이란 호칭에 제법 익숙해져 있겠지. 안내를 기다리며 서 있던 언덕 위로 한바탕 왁자지껄한 웃음소리가 바람을 타고 훈훈하게 날아온다. 신학기 준비를 위해 미리 출근했던 서른댓 명쯤의 직원들이 편을 나누어 배구게임을 즐기고 있다. 그들의 운동복 차림만큼이나 가볍고 기분 좋은 느낌이 벌써 친숙하게 느껴온다. 멀리서 유난히도 깊은 눈빛 하나가 혜성처럼 스쳐 지나간다. '흥덕 삼거리' 그 뒤 그곳은 내 신혼처가 되었다. 그때 실례했던 그 골목 입구의 '신 약방' 은 나의 시댁이 되었고, 마을 장터는 흥미로운 나의 마실 장소가 되었다.

스물둘의 봄날, 꿈속에서조차 한 번도 보지 못한, 나와 아무런 연고도 없던 첫 부임지. 이곳에서는 이미 오래전부터 나의 인류 창조 역사가 준비되고 있었던 것은 아니었을까. 나의 인생 2막 스물둘의 봄날은 운명처럼 그곳에서 그렇게 시작되고 있었다.

우주의 기와 얼의 신비

'꿈' 의 사전적 의미는 잠자는 동안 일어나는 심리적 현상의 연속이다. 또 절실한 생각이나 낮에 한 일들이 얼로 비치는 것이거나, 우주 공간의 음양오행의 기氣가 신의 영험력으로 비치는 것이라 했다.

결혼 직후 남편의 꿈속에 사내아이인지, 계집아이인지 또렷하게 구분되지 않은 두 꼬마가 세발자전거를 타고 노는 모습이 보였다. 얼굴이 잘생긴 아이와 그렇지 않은 얼굴의 또 다른 아이는 대조적인 모습이었다. 오래전부터 익숙해 온 듯, 그 아이들을 향해 "계이야, 래이야." 하고 소리쳐 불렀다는데, 꿈속에서 자신도 모르게 튀어나온 우리 말 같지 않은 뜻도 없는 이름들은 남편의 어떤 잠재적 의미의 표출이었을까.

다음 날에도 지난 꿈속의 두 아이처럼 튼실하고 아름다운 빛깔의 거대한, 한 마리의 구렁이와 비실거리며 볼품없는 또 다른 구렁이로 남편의 꿈에 다시 나타났다. 그것은 분명 태몽이라며 아이를 낳으면 그 이름에 따라 짓자고 했다.

첫딸을 낳았다. 갓난이는 이목구비가 또렷했고 우량아였다. '계이' 라는 이름을 얻은 아이는 건강하고 말짓 하나 없이 잘 자랐다.

두 해 터울로 또 딸을 낳았다. 약속대로 '래이' 라는 이름을 붙여주었다. 연거푸 딸을 낳자, 시댁 어른과 남편은 몹시 서운해했다. 첫아이 때와 달리 내 속도 몹시 상했다. 그 자리에서 금방 다시 만들어 낳을 수만 있다면 그러고 싶었다. 섭섭함이 오래 가시질 않아 미역국도 잘 먹지 않았다.

갓난이는 까무잡잡한 우리 부부와 달리, 서양의 아기처럼 하얀 피부에 갈색 머리카락을 하고 푸른 기가 도는 회색 눈빛을 했다. 그러나 유난히 납작한 코는 제 언니와 너무도 달랐다.

둘째가 잘못되려고 그랬는지, 건강하고 소탈했던 내 식성이 임신한 여러 달 동안 심한 입덧을 하며 음식을 제대로 먹지 못했었다. 태어난 아기는 아빠를 닮아 뼈대는 컸지만, 뱃속에서 잘 얻어먹지 못한 탓으로 배배 꼬인 살이 보기에도 안쓰러울 정도였다.

"별스럽다!"

종손을 애타게 기다리던 시아버지께서 아이의 특별한 생김새를 꼬집어, 서운했던 심기를 퉁명스럽게 던지신 첫 말씀이었다.

그런 모습은 연골 이상과 색소 부족으로 태중에서부터 예고된 이상 징후였다. 우주 음양오행의 영험력 있는 기氣가 비실비실한 구렁이로 남편의 꿈에 비치더니, 신통하게 현실로 돌아온 것이다.

둘째는 뱃속에서 굶주렸던 보상을 받으려는 듯, 식탐을 내더니 오동통하게 살이 올라 하루하루 귀여운 모습으로 달라져 갔다. 그러나 제 언니와 달리 늦된 짓을 많이 했다.

아파본 일 없이 건강을 자신하며 결근 한번 없던 내가, 지독한 감기몸살을 앓고 누워 소태 같은 입맛일 때, 그 일은 둘째가 운명적인 태생이 될 실마리였다. 병원도 없는 시골 동네 약국에서 독한 항생제를 처방받았다. 의학적으로 근거 없는 일일지 모르나, 병약하고 특별한 모습의 '래이'를 볼 때마다 임신 가능성 유무도 헤아리지 않았던 약사를 향한 원망은 한동안 지울 수가 없었다. 아이가 들어섰는지도 모르고 약을 함부로 먹었던 나의 무지와 철없음에도 회한을 하긴 마찬가지였다.

천한 이름으로 불러야 아이도 탈 없이 자라고 아들을 터 팔 수 있다는 마을 부인들의 말을 신봉하고 '래이'를 아예 '두레'라는 이름으로 한동안 불러 키웠다.

삼신할미는 붉고 커다란 고추를 내 꿈에 보여주며 드디어 아들을 점지해 주었다. 시골에 있다가 도시로 발령을 받은 터라 그해 늦은 봄, 전문의 병원에서 해산했다. 딸 둘 낳고 아들 낳기가 정승 되기보다 어려운 일이라며 기뻐하시던 시아버님은, 그날로 작명가를 찾아가 16대, 대종손의 이름을 받아오셨다. '철규'라는 흔한 이름이 싫었던 우리는 쇠 금金 자를 꼭 붙여야 한다는 아버님의 뜻에 따라 손수 책을 펼쳐가며 '범규'라는 이름으로 바꾸어 지었다. 아들은 여러 사람에게 귀공자 대접을 받으며 자랐고 늦된 '래이' 때문에 돌보미를 따로 두고 키워야 했다.

남편은 산아제한의 국가 시책도 무시하고 아들 둘, 딸 둘이 가장 이상적이라며 나를 설득하기 시작했다. 미개인이라는 놀림을 감수하며 넷째를 가졌다. 아들 터의 기운이 있을 때, 또 아들이 들어설 수 있다는 속설에도 마음을 두었다.

대감 모자를 쓴 이가 친정어머니의 꿈으로 나타났던 넷째, 구정을 꼭 넘겨 낳아야 아들이라며 점쟁이 말을 하늘같이 믿고 전하던 어머니는 나보다 더 노심초사했다. 남산만 한 배로 시댁도 못 가고 혼자 누워 있던 설날. 친정어머니는 남동생 편에 음식을 싸 보내며 이른 아침 우리 집 마당에 첫 손님으로 들게 했다.

보름 뒤 딸을 낳았다. 모든 정황을 사실로 받아들이며 아들을 확신하기도 했지만, 불러온 내 배와 뒤태를 보며 영락없는 아들이라고 장담하던 이웃 부인들 말에 나는 더 그렇게 믿었다. 아들을 의심치 않았던 남편은 애꿎은 담배 연기만 길게 뿜어댔다. 나는 그 자리에서 단산이라는 단호한 결정을 내리고 다시 수술대에 올랐다.

"이 아이는 사주가 그렇게 좋단다."

친정어머니는 당신의 태몽으로 태어난 넷째에게 특별한 애정을 쏟으며 한 시간 거리를 매일같이 드나드셨다. 남편은 아기의 사주를 믿고 싶은 마음에 넷째가 큰 벼슬을 하라고 정승 '승承' 자를 붙인 '승이' 라는 이름을 만들었다. 내리사랑이라더니, 나날이 더하는 아기의 재롱에 우리 마음은 봄눈 녹듯 했다.

"엄마는 나를 낳지 않으려다 낳았지?"

넷째는 가끔 우리의 아들 선호 과거사를 야무지게 정면 공격하곤 했다. 똑똑하고 사랑스러운 막내딸이 태어나지 않았더라면 어찌할 뻔했을까. 역시 막내는 그만의 애틋함을 갖게 한다. 어려서부터 말 짓 안 하고 공부도 잘하며 얼굴도 예뻤던 큰딸과 총명하고 모범생이던 아들. 그리고 똑 부러지고 사랑스러운 막내딸. 그들 사이에서 둘째는 여러모로 부족함을 보였다.

둘째 '래이' 는 대학을 마치자, 연골의 장애가 서서히 드러났다. 격한 운동이나 달리기 등을 할 수 없었다. 민첩하지 못한 동작 때문에 곧잘 넘어지고 부딪히는 크고 작은 수난을 겪으면서 두 차례나 목뼈 수술을 받고 재활 치료로 병원 신세를 많이 졌다. 선산을 지키는 굽은 소나무처럼 지금껏 내 곁에서 함께하는 '래이' 는 어미를 원망할 줄도 모르고 항상 순수하고 밝다. 그래서 내 마음을 더 아리게 한다.

우주의 영험한 기氣는 왜 이 아이의 운명을 그렇게 작고 힘없는 구렁이의 모습으로 미리 재단하였는지. 남편의 절실한 얼도 아니었을 텐데, 왜 일방적으로 꿈에 비추었단 말인가!

우리의 뇌를 지배하고 있다는 우주의 신의 기氣는, 대체 어떤 형태이며 뇌파와 어떻게 교류한다는 것일까. 돌아오지도 않은 미래의 일까지 무슨 조화로 구체적인 형상까지 만들어 꿈으로 보여주었을까. 내 작은 머리로는 불가사의한 우주의 기氣와 얼의 신비를 도저히 풀어낼 길 없어 그저 놀랍고 두려울 뿐이다.

돌아갈 수 없어 그리운 것들

"짝-귀야-, 짝-귀야-!"

딸을 부르는 카랑카랑하고 높은 소리는 흙담을 넘어 거칠 것 없는 들녘의 공기를 가르고 파란 가을 하늘로 흩어져 갔다. 한적한 시골집, 한낮의 정적을 깨는 짝귀 어머니의 목청에 작은집 뒤안 나지막한 동산으로 빽빽하게 들어선 대나무 숲에선 '쇄쇄' 하며 소나기 같은 바람 소리가 일었다.

할아버지, 할머니가 계시던 작은집은 '안두건' 이라 불리는 시골이었다. 명절이나 제삿날이 돌아오면 어머니를 따라 시내에 있는 우리 집에서 버스를 타고 한참을 가야 했던 십 리 길이다.

짝귀 언니는 가끔 작은집에 놀러 오는 나를 친동생처럼 좋아했다. 마을 사람들은 귀가 짝짝이인 언니를 짝귀라고 불렀고 언니의 남동생은 제 엄마 뱃속에서 다리부터 나왔다고 '꺼꾸리'라 했다.

삶은 붉은 수수 가지를 들고 짝귀 언니가 작은집 부엌에 있는 나를 불러냈다. 꺼꾸리도 우리 뒤를 따라나섰다. 언니는 논 가운데 허수아비에 매달린 긴 줄을 잡아당겨 흔들어대면서 '훠이 훠이' 하며 한 손으로 참새 쫓는 시늉을 했다. '떵그렁, 땡그랑' 하고 여러 모양의 깡통들이 시끄럽게 부딪치면 벼를 쪼아 먹던 새들은 '푸드드득' 놀란 날갯짓을 하고 황급히 달아나곤 했다. 짝귀 언니는 누렇게 여물어가던 볏논에서 재빠른 손놀림으로 낚아챈 벼메뚜기들을 허리가 잘록한 빈 병에 가득 채웠다. 언니가 가르쳐준 요령대로 나도 메뚜기를 잡아 볏짚에 줄줄이 꿰었다.

선머슴처럼 달음박질치는 언니를 따라다닐 때 꺼꾸리가 숨을 헐떡이며 풀꽃 한 다발을 내게 건네주었다. 짝귀 언니는 수숫대 밭으로 보라 꽃이 흐드러진 언덕 위로, 해가 지도록 나를 끌고 다녔다.

"육시헐 년, 호랭이가 물어갈 년, 주리를 틀 년, 어디 가서 할망 빠져 놀다 인자 오냐? 이 썩을 년아!"

몽당 빗자루를 쥔 짝귀 엄마는, 금방이라도 언니를 내려칠 것 같은 기세였다.

결혼 후 직장을 따라 시골에 정착하는 동안 친정 식구는 오빠를 따라 모두 서울로 떠났다. 도시 확장이 한창이던 개발붐은 '안두건' 시골 마을 사람들을 일찌감치 타지로 떠나보냈다. 나는 사촌들과도 멀어졌고 짝귀 언니네 소식도 자연스럽게 잊혀갔다.

직장을 시내로 옮겨온 뒤 강산이 몇 번 바뀌었고 또 여러 아파트를 전전했다. 그러다 퇴직 무렵, 노후의 새 아파트를 장만하느라 생소한 '안골'이라는 동네까지 건너와 터를 잡게 되었다.

큰 빌딩이 우뚝 선 '안골' 네거리에서 '안덕원'이라는 이정표를 보던 순간 무엇이 내 머릿속을 빠르게 스쳐 갔다. 어릴 적 오랫동안 '안두건'이라고 입에 달고 불렀던 작은집 동네 이름이 '안덕원'이었음을 깨달았다. 불현듯 나의 귀소 본능이 오랫동안 닫혀 있던 아련한 내 그리움들을 마구 헤집어내며 내 가슴을 뛰게 했다.

'버스에서 내려 흙먼지 폴폴 나던 신작로를 따라 조금 더 걷다 보면 왼쪽으로 작은집 마을로 들어가던 좁다란 안길이 있었어. 그 길을 따라 죽 내려가면 오른쪽으로 넓게 펼쳐진 논과 밭들이 있었지. 멀리 대나무 숲을 뒤로하고 바가지를 엎어 놓은 듯한 나지막한 초가지붕들. 옹기종기 모여 있던 작은집 동네가 있었어. 짝-귀야-! 허공에 흩어지는 언니의 이름이 들려와. 그 기억의 퍼즐들이 하나씩 지금 막 나에게 다가오고 있어.'

'그 마을로 가는 초입이 이곳 어디쯤일 텐데…. 그 아늑하던 초가 동네, 작은집 별채의 들창문으로 내다보이던 햇볕 가득 내려앉은 짝귀 언니네 마당, 그리고 멍석 위의 붉은 고추. 아, 그 자리가 내가 서 있는 이곳 어디쯤일 텐데….'

나지막하고 끝없이 펼쳐지던 푸른 들판과 바람에 울던 댓잎 물결의 아련한 조각들을 이어 보려 시멘트 빌딩과 아파트 숲 사이에서 나는 오랫동안 서성였다. 그러나 손에 잡힐 듯한 그리움으로 애만 태우고 발걸음을 돌려야 했다.

북녘 하늘 아래 두고 온 핏줄과 고향의 푸른 언덕을, 눈을 감기 전에는 한시도 잊지 못한다는 실향민들의 절절한 심정을 헤아려본다. 못 찾아도 그만일, 내 어설프고 사치스런 그리움의 감성이 그들에게 큰 죄가 되는 것은 아닌지.

너무도 긴 시간이 흘렀다. 이제는 멀리 날아간 희미한 그림들이고 희미해진 사람들이다. 돌아갈 수도 없는, 그래서 더욱 붙잡고 싶은 것일까. 짝귀 언니와 함께한 내 어린 날의 아련한 그리움들이 울렁거리도록 보고 싶다.

엄마와 딸

사뿐사뿐 걸어가는 다섯 살, 외손녀의 걸음이 가볍다. 모처럼 근무가 없는 제 엄마의 손을 잡고 문화 센터 발레수업에 가는 중이다. 서울에 올라온 우리 내외까지 저를 둘러싸고 있으니 한층 더 의기양양하다. 수업이 끝나고 나오는 외손녀를 안아주려고 팔을 벌리자, 냉정하게 뿌리치며 제 엄마에게 달려가 버린다.

점심을 먹으러 내려가는 엘리베이터 앞에서 외손녀는 단호한 한마디를 던졌다.

"엄마, 이제 회사 나가지 마!"

아이의 느닷없는 폭탄 발언에 뜨끔하여 나는 할 말을 잃고 셨는데, 나의 막내딸이 외손녀와 눈을 맞춰가며 부드럽게 말한다.

"엄마가 회사에 가서 돈을 벌어야 담은이가 발레도 배우고, 책도 사고, 또 맛있는 음식도 먹을 수 있잖아?"

그러나 이제는 그런 이유도 소용없다는 표정이다.

"엄마, 얘가 전엔 안 그랬는데 요즘 가끔 이러네요."

막내딸이 내게 하소연이라도 하듯, 콧등을 찡긋해가며 불편한 심정을 드러냈다. 조금 전까지 앙증맞게 발레하는 모습으로 우리를 기쁘게 해주더니, 손녀의 말 한마디가 점심 내내 나를 걱정으로 몰아넣는다.

지난해까지만 해도 제 앞으로 온 택배 상자에 호기심을 보이며 포장 뜯는 재미를 붙이던 아이였다. 반가운 선물 상자와 예쁜 옷과 즐거운 가족 나들이의 조건이 제 엄마가 회사에 나가야 하는 일로 알고 받아들였던 아이다. 그래서 저를 두고 나가는 엄마의 일상적인 출근을 당연시했고 아침마다 고사리손까지 흔들어주었다.

외손녀는 갓난아기 때부터 잠자리를 비롯한 거의 모든 생활을 보모와 같이했다. 그의 등이 요람이고, 그의 가슴은 엄마 냄새가 나는 포근한 품이었다. 제 엄마가 직장에서 돌아와도 매달리지 않았다. 막내딸은 그런 아이가 내심 서운하기도 했지만, 안 떨어지려고 울고불고하는 것보다 오히려 다행이라 여겼다.

대부분 영유아는 낯가림을 안 하고 누구에게나 덥석덥석 안기어 귀염을 받는 것인데, 외손녀는 보모와 제 엄마, 아빠 외에는 누구도 쉽사리 붙여주지 않았다. 그 때문에 안아보고 싶은 우리 내외는 매번 외면당하여 내심 서운할 때가 많았다. 막내딸은 그런 제 딸 때문에 늘 미안해하며 외가와의 관계를 이해시키려 애를 쓰기도 했다.

기저귀도 떼지 않은 시절부터 선생님이 찾아와 가르치는 것을 보고 지나치다 싶었는데, 네 살 끝 무렵의 아이는 우리 집 깨소금 양념 통에 '째소금'이라는 라벨을 써놓기도 하고 유창한 발음으로 영어를 말할 때는 신통하기까지 했다. 지금도 내가 대충 '일곱 밤 자고 담은이 보러 가겠다.'고 말하면 정확하게 여섯 밤이라며 지적한다. 그런 외손녀는 어린애답지 않은 말투에다 매사를 대강대강 넘기는 일이 없다.

막내딸은 자기가 일방적으로 결정해도 될 일을, 어린 제 딸에게 어른 대하듯 조목조목 이해시킨 뒤 동의를 얻어낸다. 아이는 그런 과정에 익숙해서인지 막무가내로 떼쓸 법한 일도 대견하게 자기감정을 조절하며 약속에 책임을 지기도 한다.

병설 유치원 제도도 없던 나의 맞벌이 시절, 외손녀의 어미인 나의 막내딸은, 나이 어린 가정부에게 맡겨져 엄마 없는 하루를 보내야 했다. 다섯 살이던 딸은 아침마다 출근을 서두르는 나를 보며 늘 불안한 마음에 힘들었을 것이다. 출근길을 가로막으며 울어대는 아이를 우격다짐으로 뿌리치고 도망쳐 나올 때면, 골목 끝까지 따라오는 아이의 울음소리에 내 가슴은 종일 심한 통증을 겪곤 했다. 직장을 그만두어야겠다고 수없이 갈등하며 세월은 흘렀다. 그런데 고맙게도 나의 아이들은 바르게 잘 자라 주어, 직장 엄마로서의 삶을 후회하지 않게 해 주었다.

유난히도 내 마음을 아프게 하던 그 막내딸, 그 딸의 딸이 엘리베이터 앞에서 불쑥 던진 한마디가 계속 내 마음을 저리게 한다. 직장을 갖고도 아이 넷을 길러낸 일은 나의 운명이었기 때문에 특별한 자랑이라고 생각하지는 않는다. 그래서 외손녀에게 동생 하나 갖게 해주었으면 하는 소망도 그저 내 마음속으로만 담아두고 만다.

모든 어미는 육아를 우선으로 해야 하지만, 가계에 도움이 될뿐더러 무엇보다 자기 전문성을 살리는 일이 있다는 긍지는 직장을 그만둘 수 없는 이유가 되기도 한다.

"담은아, 요즘 어째서 할머니 전화도 안 받아?"

"할머니, 나도 요즘 힘들어."

목소리라도 듣고 싶어 하는 내 간절함을, 외손녀는 여전히 새침하고 냉정하게 거부한다. 유치원 다니랴, 수영 배우랴, 발레 배우랴. 악기공부 하랴, 이제 여섯 살 된 외손녀도 요즘 무척 바쁘고 힘들어서 전화 를 못 받는단다. 엉뚱한 이유마저도 귀엽기만 하니, 우리 부부도 분명 '손녀 바보' 임에 틀림없다.

핑계처럼 어린 몸이 바쁘다니, 제 엄마의 어린 시절 마냥 종일 어미만 찾으며 쓸쓸한 하루를 보내지는 않을 것 같아 차라리 다행이란 생각이다.

제2부

흘러가는 물인 것을

끝나지 않은 나의 글쓰기

"그래서, 어쨌다는 거야?"

"무슨 말을 하고 싶은 건데!"

날도 서지 않은 칼로 은근히 뭉개듯, 내 글을 읽고 심드렁하며 던진 남편의 말이다. 내 딴에는 깊이 묻어둔 속마음을 풀어 헤치느라 밤을 잊어가며 쓴 글인데, 고래도 춤추게 한다는 칭찬의 효과를 전혀 알지 못하는 야속한 사람이다.

"독자에게 주는 뭉클한 메시지나, 아니면 수채화 같은 여운이 남는 글이라야지, 현학적인 글이 되는 것은 바람직하지 않아."

성의 없이 핀잔만 한 것이 미안했던지, 나긋하게 목소리를 바꿔 나를 어른다. 그래도 씁쓰름한 기분은 여전히 무지근한 통증처럼 쉽게 가시질 않는다.

나의 글은 아직 단단히 여물지 않았다는 것을 안다. 이제 꼬투리의 모양새를 갖추어 가려고 뜨거운 태양 볕을 온몸으로 받아들이는 중이다. 그런데 너무 몰인정한 단평이지 않은가.

'당신의 평론은 당신 기준의 생각일 뿐이야. 내 글은 내 마음 깊은 곳의 아픔과 그리움과 사랑을 말하고 있는 거야. 내 글은 그 누구도 내가 느끼고 있는 만큼 절절할 수도 없고 나를 대신할 수도 없어!' 라며 소리 없는 항변으로 부글거리던 내 속을 가라앉혔다. 되잖은 나의 자존심이었다.

우리 아이들은 저희도 몰랐던 어미의 옛일들이 새롭고 흥미롭다며 열렬한 독자가 되어 넘치는 반응을 보이고 격려를 해준다. 깊이 묻어 두었던 마음의 화롯불을 쏘삭이며 하나씩 불을 밝힐 때마다 나의 아픔까지도 모두 아름다움이 되어 돌아왔다.

그러나 내 사유의 우물은 너무도 얕다. 그러면서도 퐁퐁 솟아나는 샘물이기만을 희망했다. 내 글에는 심장을 뜨겁게 달굴 감동은 물론, 가슴을 뻥 뚫어 줄 수 있는 탄산수 같은 상큼함도 없다. 그렇다고 다른 이들의 글처럼 수필이 주는 뭉근한 여운도 없다. 나의 일상과 과거의 삶을 들추어 내보이기만 했다. 아무도 관심을 두지 않는 내 아픔을 겁 없이 세상 밖으로 내놓고 읽히길 바랐다. 그러다 보니, 깊이도 영혼도 없는 낡은 생각에 빠져 쓴 글들뿐이다. 수필이 추구하는 보편적 진실도 보편적 아름다움도 없다며 내면적 소리만이 나를 꾸짖는다.

적나라한 충고도 받아들이지 않고 내 생각대로 쓴 글을 내 멋대로 마구 쏟아 내지 않았던가. 나도 그랬듯이 다른 이들도 내 글을 첫 줄부터 외면했을지도 모른다는 생각이 드니 갑자기 정신이 번쩍 든다. 제대로 걷지도 못하면서 날개를 달고 싶어 헛된 꿈에서 깨어나지 못했던 나를 되돌아본다. 이건 아니라는 생각이 갑자기 나를 붙들어 세운다. 그런데도 나는 왜 이런 글쓰기를 멈추지 못하고 있는 걸까?

불량품을 식별하는 엄격한 기계처럼 내 글을 식별해 걸러줄 절대적인 기계라도 있었으면 좋겠다. 차라리 그런 틀 안에서 함량 미달이라는 통고가 내 머리를 때려 주기라도 한다면, 어리석은 글쓰기에서 정신을 차리고 멈출 수 있을 텐데.

오늘도 나는 넘쳐나는 글 속에 파묻혀 있다. 내가 미처 깨닫지 못하고 가슴에 담지 못했던 깊이와 가치로, 나를 일깨우는 작가들의 멋진 글들을 접한다. 그들의 다양한 경험과 고뇌하는 영과 육 속에서 절대적인 재능으로 드러낸 깊은 사유가 나의 무능함을 다시 한 번 되돌아보게 한다.

허황하고 가벼웠던 생각들을 잠시 멈추자. 지금은 아름다운 글 샘에서 많은 가치를 발견하여 다시 내 우물에 퍼 담아 둘 때인 것 같다.

유년의 하천은 살아 숨 쉬고

냇물은 도심을 휘감고 길게 흘렀다. 아침 설거지를 마친 아낙들은 빨랫감으로 수북한 양은 대야를 머리에 이고, 맑은 물이 넘실대는 냇가로 모여들었다. 일찌감치 빨래터를 찾은 부지런한 아낙들이 고단한 살림살이를 방망이 장단에 수다로 풀어 바람에 실어 보내면, 장작불에서 끓고 있던 커다란 드럼통 속의 양잿물 냄새가 스멀거렸다. 뜨거운 김을 뿜으며 한바탕 건져진 광목은, 자갈밭에 세워진 긴 빨랫줄에서 중천의 햇볕을 쬐며 하얗게 바래어갔다.

선생님을 따라 냇가로 나온 4학년 우리 반 아이들은, 조무래기들의 물장구치는 신바람 난 함성을 뒤로하고 인적 뜸한 물길 아래로 한참을 더 내려갔다. 자연 학습을 명분 삼았지만, 사육장 동물들에게 줄 개구리를 잡기 위한 것이었다. 학교 운동장 서편에 있던 커다란 사육장은, 일제 강점기에 지어진 야외 시멘트 수영장과 함께 오랜 역사의 숨길로 남아 있던 곳이다. 내가 다니던 초등학교는 우리 집에서 가까웠고 멀지 않은 곳에 '다가천'이 흐르고 있었다.

정신적, 경제적으로 여유롭지 못했던 전후 세대인 우리는 요즘 아이들처럼 부모님과 함께 다양한 현장 체험학습의 경험을 하지 못했다. 더구나 주위의 자연생태를 직접 보고 자란 경험이 부족한 도시의 사내아이들은 미끈거리고 뛰뛰기 잘하는 개구리를 잡는 일이 쉽지만은 않았다. 공부 잘하던 샌님 같은 아이들보다는 용감한 몇몇 개구쟁이 남자아이들이 그래도 개구리를 잡는 일에 요령이 좋았다. 넓적한 돌 위에 패대기를 쳐, 사지가 늘어진 개구리 뒷다리를 쥐고 짓궂은 장난을 치면 여자아이들은 소스라치며 도망가기 바빴다.

그해 여름 방학 첫날, 거센 바람과 큰비로 하천은 위험 수위를 표지해 놓은 다리 난간까지 물이 넘실대며 차올랐다. 라디오에 귀를 모으던 동네 사람들은, 제방이 터지면 시내는 곧 물바다가 될 거라며 서둘러 피해야 한다고 야단법석이었다. 잿빛 하늘에서 장대 같은 비는 멈출 생각도 없이 야속하게 쏟아져 내렸다.

"밥을 먹어야 도망갈 기운을 차리지!"

물에 잠겨 곧 죽을 것만 같은 마음에 점심도 거르고 웅크리고 앉아 불안에 떨고 있던 나를 어머니가 놀리듯 나무라셨다.

그칠 것 같지 않던 억센 빗줄기가 서서히 약해지면서 먹구름이 물결 밀려가듯 사방으로 흘러가고 손바닥만 한, 파란 하늘로 햇살이 나기 시작했다. 서산에 얼굴을 내민 해가, 하천 둘레로 다리 위로 물 구경을 나와, 죽 늘어선 사람들의 얼굴을 붉게 물들였다.

그림같이 평화롭던 하천은 폭포처럼 굉음을 내며 온갖 것을 쓸고 무서운 속도로 흘러갔다. 바닥이 뒤집힌 흙탕물 위로 많은 쓰레기 검불과 판자 쪽 그리고 커다란 호박 덩어리, 또 어느 집 부엌살림들이 떠내려가고 있었다. 돼지들이 생사의 갈림길에서 허우적대며 쓸려갈 때, 구경꾼들은 폭군으로 변한 하천을 보며 탄성을 지르고 혀를 내둘렀다. 그것들은 아마도 도심 주변 낮은 지대의 집에서 기르며 키우던 가축들이었을 것이다.

휘몰고 가는 물의 위력에 몸이 빨려들 것만 같은 무서움에 떨자, 어머니는 내 손을 이끌고 서둘러 집으로 오셨다. 그리고는 물살에 떠내려가던 것들을 흥분된 목소리로 되읊으시며 진

저리치고는 고개를 절레절레 흔드셨다.

높은 굴뚝에서 뿜어 나오는 힘찬 연기와 공장의 기계 소리를 반기던 산업화로 모두의 씀씀이가 날로 커졌다. 그때부터 도심의 하천은, 집집이 무방비로 쏟아내는 온갖 오물을 품고 시름시름 앓기 시작했다. 하늘 모르게 높아만 가던 아파트 숲과 숨 가쁘게 달리는 자동차 배기관의 매캐한 연기가 무차별적으로 뿌연 하늘을 만들어 갈 때, 하천의 물새들은 모두 어디론가 날아가 버렸다. 구성진 빨랫방망이 소리의 장단도 사라지고, 냇가 자갈밭의 뽀얀 광목 춤사위도 볼 수 없었다. 소독약 냄새 펄펄 나는 수영장에 길든 영리한 아이들은, 죽은 하천 쪽에는 눈길도 주지 않았다.

물질의 풍요를 좇아 정신없이 내달려오던 길목에서, 무엇이 우리의 삶을 뒤돌아보게 했을까? 삶의 질을 찾고 참 살이를 외치던 사람들은 하천을 살리는 길이 우리가 살 길이라며, 시멘트 '콘크리트' 막을 헐고 정겹던 옛 모습대로 돌 징검다리를 놓기 시작했다. 그런 일들이 더 잘 사는 길이라는 것을 깨닫는 사람들이 점점 늘어갔다.

하천이 새롭게 꾸며지고 유채 꽃이 노란 물결을 이룰 때, 물길은 자연과 어우러지면서 일급수에서만 산다는 쉬리 떼가 다시 돌아왔다. 백조 같은 모습의 해오라기 가족들은, 맑은 물을 반기며 돌무더기 사이에서 춤추듯 겅중거렸다. 하천이 살아나고 있었다.

즐비하게 널려 빛이 바래던 하얀 광목천과 싸한 양잿물 냄새. 온전히 걸치지 않고도 부끄러운 줄 모르며 신나게 물장구치던 천진무구한 함성이 들려오는 듯하다. 힘겨운 살림 푸념을 빨랫방망이에 날려 보내던 물젖은 무명 치마, 우리네 어머니들의 모습이 흑백의 필름을 풀어 타고 아련히 내게 다가온다.

소박한 삶에서도 풍성한 마음으로 티 없이 자라게 해 준, 살아 숨 쉬던 유년의 하천. 맑고 푸른 냇물을 따라 어릴 적 내 그리움들이 먼저 저만큼 앞서 흘러가고 있다.

– 제5회 K-water 물사랑공모전
수필부문(은상) 수상작

친정어머니의 어록

"야야, 아무리 늙어가도 부부지간에는 각방을 쓰면 절대 안 된다."

남편과 말다툼한 뒤, 냉랭한 공기를 걱정하던 친정어머니의 당부였다.

"아무리 헌것일망정 신랑 넥타이로 허리띠를 하면 못쓴다. 그러면 부부가 갈라선다는 말이 있어."

남편 물건을 함부로 대하지 말라는 비유다. 남편을 어렵게 알고 공경해야 가정이 바로 선다는, 아내의 도를 일깨워 주는 뜻깊은 말씀이었다.

"부엌칼을 상 위에 올려놓으면 부부 싸움 나는 거래요."

과일을 깎던 칼을 무심코 상에 올려놓던 남편을 보고 평소 어머니가 하시던 말씀을 이르며 칼을 내려놓자, 오 여사님 딸 아니랄까 봐 유난 떤다며 놀렸다. 남편도 어머니 말씀의 숨은 뜻만은 충분히 이해하고 있었을 것이다. 칼은 매우 위협적인 물건이어서 평소 조심성을 갖도록 비유한 말이었다.

늘 이런 식으로 귀에 못이 박이게 이르시던 어머니는 오로지 자식들의 화목한 가정을 간절히 염원하셨다.

요즘 젊은 부부의 이혼율이나, 날로 증가 추세에 있는 황혼 이혼 세태를 보면서, 이혼은 곧 삶의 끝이라고 생각했던 어머니 세대의 심정을 읽으니 격세지감을 느끼지 않을 수 없다

'밤에 피리를 불면 뱀이 나온다.'라며 악기 소리도 못 내게 하시던 어머니는, 밤에는 절대 손톱도 깎지 못하게 하셨다. 남들이 자야 할 시간에 음산한 기운을 퍼뜨려서도 안 되고, 호롱불 밑에서 살을 벨까도 염려한 옛 말씀이었지만, 대명천지인 오늘날에도 법전처럼 따르며 나에게 주의를 주시곤 하셨다.

당신의 큰딸인 내가 직장을 따라 시골 생활을 하며 첫 임신을 했을 때, 일을 가지고 있던 어머니는 내 수발을 들어주지 못하는 것을 몹시 마음 아파하셨다. 붉은 줄이 세로로 쳐진 누런 서한지에 스무 장이 넘는 분량으로 일일이 번호를 매겨가며 써 내려간 간곡한 당부는, 태중의 몸가짐과 해산 치레에 관

한 덕목으로 산모가 조심하고 지켜야 할 내용이었다.

'불 난 곳은 쳐다보지도 말아라.', '참새고기는 입에도 대지 마라.', '뜨거운 미역국에 젖꼭지를 먼저 적신 뒤에 애기 입에 물려라.', '잿간에서 오줌을 누지 말아라.', '해산하면 남편 면양말로 얼굴의 땀을 문질러라.', '무거운 물건을 함부로 들지 마라.', ' 애기 낳은 뒤 배를 문지르지 마라.', '젖 먹인다고 고개를 숙이지 마라.', '손목에 힘주고 기대지 마라.', '삼칠일 동안은 절대 바깥바람을 쐬면 안 된다.', '목욕도 해서는 안 된다.' 등등 어미니의 간절한 마음은 생활백과 같은 어록이었다.

첫아이를 삼복더위에 낳고도 보름이 넘도록 머리조차 감지 못했다. '벌어진 뼈 마디마디에 냉기가 들면 평생 골병이 든다.'라는 신신당부를 따르려 했지만, 삼칠일은 도저히 지킬 수가 없었다.

'산모의 두 발목을 묶어 두는 병원 분만은 너의 이모들처럼 무릎 삭신이 쑤시는 병을 만드니, 꼭 온돌방 분만을 해야 한다.' 라는 어머니 말씀대로 첫아이는 양수가 미리 터져 내 뜻이 아니었어도 대기하던 읍내 병원 온돌방에서 자연 분만을 하였다.

현대 교육을 받은 내가, 위생적인 면이나 산후관리도 어머니의 걱정보다 훨씬 과학적이고 합리적으로 처리할 테지만, 당위성의 이치를 이해시키기보다는 안 지키면 벌을 받는다거나

화를 당한다는 식으로 겁주어, 오로지 가정의 안위나 산모의 건강을 지키려 했던 고전적 방식에 따른 것이었다.

그럴지언정, 어머니의 금기식 가르침은 내 깊은 의식에 새겨져 일상에서 지켜지고 있다. 방법론을 떠나서 자식 생각하는 어머니의 간절함이 내게 잘 전해졌다는 것일 게다. 내가 첫 외손녀를 얻고 난 뒤 더욱 눈시울을 뜨겁게 했던 그 편지는 이제 유품이 되어 가끔 어머니의 사랑을 되새기게 한다.

소파에 머리만 대도 코를 골며 초저녁잠을 못 이기던 남편은, 공직에서 은퇴한 뒤로는 늦게 자는 일이 늘었다. 같이 누워 도란도란 이야기라도 하는 날은 스르르 잠이 드는 나와 달리, 오던 잠이 달아났다며 잠을 영 못 이루고 일어나 다른 일을 찾는다.

"예민해진 잠을 보니, 이제 당신도 많이 늙었나 보네요."

아무 때, 아무 데서고 쉽게 잠들던 남편이 이젠 달라졌다.

"우리 서로 편하게 각방 쓸까?"

내 깊은 잠까지 방해한다고 생각했는지 나를 배려한 제안이긴 했지만, 각방이라는 말이 못내 서운하고 야릇한 기분으로 들렸다.

"여자는 늙을수록 남편 곁에서 훈김을 느끼며 함께 자야혀!"

나이를 떠나 부부의 살 접촉은 애정과 비례하며 선 조건이 되어야 한다는 내 생각과 같은 어머니 말씀이었다.

각방을 쓰지 말라던 구구절절 지당한 말씀에도, 각자 독립적인 공간에서 나름의 프라이버시를 지켜주며 잠자리도 편하게 배려해 주는 것이 현명한 일일지도 모르겠다는 생각도 해 본다. 하지만, 각방을 쓰며 따로 자다가 돌연사를 당한 지인들의 사례를 종종 보면서 어머니의 당부 하나하나가 다 일리 있는 말씀이었다는 생각이 든다. 그래서 남편의 의지와는 상관없이 친정어머니의 어록에 따르며 오늘도 소파에서 잠든 남편을 기어이 불러들여 잠을 청한다.

새벽녘, 이른 잠에서 깨어나 내 옆자리를 비운 채 자기 방에서 또 혼자만의 세상에 빠져 있을지라도.

진정한 멋을 아는 여성

20년 만의 혹서라더니, 수시로 찬물을 끼얹어도 숨이 턱까지 차오르는 여름 날씨다. 신비스러운 모습을 잃지 않아야 오래오래 사랑받는 아내가 될 수 있다는 남편 앞이지만, 삼복 찜통더위는 이미 인내심의 한계를 허문 지 오래다.

태양이 불같이 이글거린다. 깊숙한 젖가슴 골을 어지럽게 드러내 보이며, 팬티 같은 바지를 입고 활보하는 젊은 여성의 옷차림이 피서지에 온 것 같은 착각을 하게 한다. '하의 실종' 이란 새로운 용어를 만들어 내면서까지 자신의 몸매를 드러내는 파격적인 패션은 연예인들이 경쟁적으로 부추킨 세태다.

그런 차림새는 이제 그들만의 전유물은 아니다. 드라마의 여

주인공들이 걸친 의상이나 장신구는 일반인들도 너나없이 앞다투어 따라 하므로 대히트 상품이 되면서 순식간에 품절현상을 빚기도 한다. 그러한 옷차림이 앞서가는 자들의 상징인 듯 장소를 불문하며 오히려 거리낌 없는 양상이다.

어느 때부터인가 대한민국은 통제 불능의 방종이 자유라는 탈을 쓰고 넘실댄다는 생각이 자주 든다. 빗나간 행동이나 퇴폐적인 모습에 제삼자의 간섭은 자칫 불량한 욕설과 폭력으로 돌아와 낭패를 당하기도 한다. 무관심이 상책인 듯 어른의 가르침이 없는 사회가 되어가는 것 같아 씁쓸하다.

남을 의식하지 않는 자기만의 자유로운 행동이 젊음의 특권이라고만 할 수 있을까? 고루한 생각으로 자꾸만 옛 생각에 머물게 되니 나는 시절 역행이다. 사회기강과 정화를 위해 장발단속이나 짧은 치마 길이의 기준을 정했던 정부의 간섭을 긍정적으로 상기하고 싶으니 말이다.

버스 안이나 전철 같은 폐쇄된 공간에서 속옷 같은 파격적인 노출에 다리까지 꼬고 앉은 아찔한 모습과 마주할 때는 당혹스럽고 민망하여 힘든 고문이 되기도 한다. 하물며 점잖은 남성들의 시선은 어디에 두어야 할 건지.

얼마 전까지만 해도, 주류회사 홍보 달력과 성인 잡지의 표지에서나 비키니를 입은 풍만한 배우의 사진이 고작 남성들의 눈요기였다. 세상이 급진전하고 있다. 여체를 보는 신비감의 순수감각은 이제 특별한 곳이 아니어도 인터넷이나 공중파를 통해서 시도 때도 없이 범람하고 있어 피할 수 없다. 아무리 그렇다고 해도, 밝은 대로에서까지 일부 생각 없는 여성들의 과도한 노출은 눈살을 찌푸리게 한다. 행여 그런 모습들이 범죄 심리를 부추기는 원인 제공이 되는 건 아닌지, 노파심마저 든다.

정숙한 옷차림은 여인들의 기본 범절이라지만, 개성이니 간편성이니 하다 보면, 나부터도 그 기본을 지키기가 그리 쉽지 않다. 호랑이보다 더 무섭다는 여름 날씨에도 냉풍기 하나 없이 인내를 생활화하며, 속곳에서부터 겹겹이 싸매고 살았던 우리 어머니 세대의 여인들이 그래서 더욱 안쓰럽게만 느껴진다.

풀을 먹여 빳빳하게 올을 정리한 나비 같은 모시옷 차림의 여인을 본다. 고결하고 기품 있는 옷매무새에서 부지런함과 정결함이 묻어난다. 남자들과 달리 여성들의 옷차림은 몇 겹을 갖춰 입어야 한다. 푹푹 찌는 찜통 날씨에도 그 기본을 고수하며 단정하게 차려입고 나선, 매력 있는 어느 젊은 여성과 마주한다. 그녀들에게서 정숙한 여인의 향기가 풍겨 온다. 불같은 태양의 열기마저 식혀주는 청량감으로 싱그럽기까지 하다.

폭염에도 인내하는 미덕으로 정결한 옷매무새를 갖춘 여성들이 진정한 멋을 아는 사랑스러운 한국의 여인들이다.

어찌 사랑하지 않으리

나는 고양이나 개를 별로 좋아하지 않는다. 음흉하고 앙칼진 울음소리를 내는 고양이는 치켜뜬 눈매가 납량 극의 으스스한 폐가 분위기를 자아내는 음산한 이미지여서 더욱 그렇다. 자기를 해코지하거나 싫어하는 기색이라도 있으면 꼭 앙갚음할 것만 같은 섬뜩함에 눈을 맞추기도 두렵다.

음식물 찌꺼기를 버리려다 통 옆에 웅크리고 있던 어린 고양이와 마주쳤다. 어미를 잃었는지, 푸석푸석한 털이 심한 영양부족 같아 보였다. 초라하여 측은한 고양이였지만, 작은 모습이 퍽 귀엽다는 생각마저 들게 했다. 나를 보고도 달아 날 생각 없이 오랫동안 그 자리에서 꿈쩍도 하지 않았다. 이 고양이를 어찌해야 하냐는 본능적인 망설임이 잠시 일었지만, '누군가가 처리하겠지.' 라는 생각으로 미련 없이 훌훌 발걸음을 돌렸다.

남동생이 중학생이던 시절, 그가 애지중지하며 기르던 고양이가 쥐약 묻은 번데기를 먹고 죽은 일이 있었다. 자기네 부엌을 넘나든다고 구박하던 일로 보면, 옆집의 소행이 분명했지만 그런 생각은 심증뿐이었다. 고양이에게 애정이 없던 나는, 온종일 밥까지 굶어가며 슬퍼하는 동생을 이해할 수 없었다. 그 시절 대부분 사람은 고양이한테까지 인정과 애정을 품고 살 마음의 여유가 많지 않았다.

큰딸이 미국으로 건너가 살 때, 넓은 마당에 쥐를 잡아야 할 고양이가 필요했다. 사위가 데려다 놓은 고양이는 쥐를 잡기는커녕 오히려 덫에 걸린 쥐를 방안으로 물고 와 장난감처럼 가지고 놀았다고 했다. 폭신한 이부자리를 보면 고것이 먼저 쏙 들어가 잠을 자기도 했다. 그러나 외롭게 지내던 외손녀(지수)와 금세 친구가 되어버린 고양이를 어쩌지 못하고 얄미운 꼴을 견딜 수밖에 없었다.

얌체 고양이는 지정된 상자 안에서만 용변을 보고 모래를 살살 덮어두기까지 하는 재치를 보였다. 수시로 제 몸을 핥고 닦으며 어찌나 깨끗이 단장을 하는지, 어지간한 사람보다 더 청결을 떤다고도 했다. 늘 한 자리에서만 요염한 자세로 얌전히 있다가도 주인의 기척을 느끼면 냉큼 달려와 갖은 교태를 부렸다. 음식도 함부로 건드리지 않고 집안 물건도 어지럽히지 않으니 얼마나 영물인가.

나를 닮아 짐승을 별로 좋아하지 않던 딸도 고양이가 하는 짓이 귀여워 마음을 빼앗기고 점점 사랑스러워지더라는 것이었다. 직장에서 고단한 몸으로 돌아와도 온몸으로 반기는 그것의 재롱을 볼 때면 한없이 즐거울 테니, 말 못 하는 짐승이라도 가족의 대우를 받지 않을 수 없는 일 아닌가.

엄마도 고양이를 좋아하게 될 것이라며 한번 키워보라고 강력히 추천했지만, 온몸으로 주인을 반기며 즐거움을 주는 그것들을 외면할 수 없을 것이라는 이해뿐, 나는 아직도 동물들과 정을 나눌 관계를 갖고 싶지 않다.

유모차를 끌고 한 젊은 엄마가 다가온다. 눈을 덮을 듯한 하얀 귀털에 붉은 리본을 달고 아기보다 더 예쁘게 장식한 개는, 힘들어 보이는 그녀의 한쪽 팔에 안겨 행복해 보인다. 깨물어 주고 싶도록 포동포동한 아기 손과 깜찍한 강아지 사이에서 칭찬의 우선을 두고 잠시 머뭇거린다.

부와 권력의 욕망 앞에서 스스로 인간임을 포기하는 추태로 뉴스의 중심에 선 사람들보다야, 충성과 사랑으로 보답하는 개나 고양이를 가족으로 삼는 것이 더 현명한 행위일 것이다.

노년의 무료함을 늦둥이 타령하며 짓궂은 농담을 건네던 남편에게, 바가지도 긁을 줄 모르고 아내보다 더 살갑게 굴 애완견이나 한 마리 권해 볼까?

이 또한 우리 대한민국

그들의 걸음을 잠시 멈추게 한 빨간 신호기 앞에서조차 아직도 끝을 보지 못한 정치 논쟁은 침을 튀며 격렬하다. 스틱과 등산화에 패딩점퍼 차림의 장년 대여섯 명은, 아마도 이 근처 산에 다녀오는 모양이다. 궁색스럽지 않은 그들의 모습이 근래 은퇴한 공직자들로 보였는데, 얼마 전까지만 해도 그들은 각자의 전문 분야에서 최선의 역량으로 활동했을 것이다.

마음만은 청년의 가슴을 품고 있음 직해 보였지만, 현역에서 물러난 지금은 어쩔 수 없는 어정쩡한 노장의 세월이다. 산에서 내려오는 내내 진보와 보수의 논객들처럼 갑론을박했을 그들도 목소리만 키우는 행동 없는 뒷방 노인네들의 공허한 입

씨름일 뿐이라는 생각이 든다.

"아, 그만들 혀! 여하튼 서로 서로가 양보하고 잘혀야 돼아."

논쟁하는 둘 사이의 분위기를 다독거리기라도 하듯, 일행 중 한 사람이 애매한 목소리를 섞었다. 그는 자신의 분명한 뜻을 내기보다는 이 생각도 좋고 저 생각도 좋다는, 지극히 무책임하면서도 아량 넓은 사람처럼 포장되고 있었다.

어느 문제이든 진실과 정론은 하나다. 꼬인 문제를 해결하는 길은 원칙을 따르는 일뿐이다. 그 길이 가장 빠른 해결의 열쇠다. 대립한 두 견해를 조율하고 중재하는 일은, 편향적인 생각을 원칙에 따르도록 정론의 길로 이끌어주고, 왜곡된 사고를 바르게 이해시키려는 노력이어야 한다. 그것이 진정한 소통이다.

어느 사안이건 개인이나 집단의 이익을 위해 반대 논리를 내세우는 측이 있으면 서로 대립할 수도 있다. 그러나 선진 국민이라면 아전인수 격인 대립보다는, 개인 희생을 감수하고라도 대의를 따르고 법질서를 지켜야 한다. 무조건 '서로서로 양보하라' 는 말은 이기적 집단의 시각에서 원칙의 명분과 무게를 희석해 버리려는 어리석은 타협일 뿐이다.

대다수 국민의 이익을 위해 국가가 시행하는 일에 무엇을 왜 양보하라는 것인지, 혼란만 가중시키는 미봉책에 불과하다.

그는 사건을 중재하고 화합하는 평화주의자인 척 보였지만,

실은 현실을 왜곡하고 이것도 저것도 아닌 모호한 사람이다. 편향적이고 이기적인 생각을 봉합하게 바로잡아 주려는 중재나 조율의 능력이 없다면 차라리 침묵하는 편이 낫다. 그는 오히려 국론의 통합에 걸림돌일 수밖에 없다.

오래전 칠순을 넘긴 남편 동기들은 50여 년을 변함없이 돈독한 관계를 유지해 오고 있다. 사는 정도도 다 그만 그만하여 흉허물 없는 사이다. 대부분 교육계 최고의 자리까지 오르며 2세 교육에 힘쓴 대한민국의 엘리트 집단이자 평생을 규범적인 틀 안에서 바른 모습으로 살아온 사람들이다. 남편과의 관계로 엮인 부인들도 곰삭은 세월에 이제는 가식 없는 끈끈한 사이가 되었다.

정치 이념 논쟁은 그토록 정다운 모임의 자리에서도 예외일 수 없다. 만날 때마다 노상 정치 이야기가 안줏거리이자 토론의 주제가 된다. 이념과 견해는 양분되고 격렬한 논쟁은 끝을 모른다. 대립하던 큰 목소리들이 잠시 숨을 고르면, 침묵하며 관망하던 이들이 바통을 받아 다시 대립의 불똥을 키워간다.

남편 동기들은 모두 6 · 25전쟁을 겪은 세대다. 치닫는 논쟁만 보면 당장 의절할 것 같은 험악한 분위기에 치달아도, 나라를 사랑하고 걱정하는 마음은 여느 사람 못지않다. 매번 그런 상황에 학습되어온 부인들은 떠들썩한 남편들 쪽은 아랑곳하지도 않고 서로의 잔만 부딪친다. 그러나 툭 한마디씩 던지는 것으로만 보아도 이미 남편의 이념에 세뇌되어 진보와 보수의 생각으로 곧바로 나누어지기 마련이다.

'여하튼 서로서로 한발씩 물러나서 소통해야 해요.' 반찬을 나르던 주인장까지 논쟁 판에 끼어들며 신물 나게 듣던 그 소통이란 한마디를 던진다. 원칙에 따라 이미 확고하고 정의롭게 추진하고 있는 일을 마치 소통이 안 되어서 그르치는 양 극단적, 이기적 집단을 허용하고 동조하라는 말이다.

각종 방송사나 언론은 물론, 대한민국 성인들은 하나같이 정치평론가이니 우리나라는 정치 공화국인 것만 같다. 그러나 분열된 듯 보이는 팽팽한 격론 속에서 어쩌면 민주주의의 자생력은 더욱 공고해질지도 모른다. 그것이 선진국으로 가는 과정일 수 있다. 국민 대다수가 정치에 지대한 관심을 두는 나라, 불꽃 튀는 토론으로 자기 생각을 여과 없이 표현할 수 있는 나라, 이 또한 우리 대한민국이다.

거침없는 언로는 진정한 민주주의에 대한 열망이자 나라 사랑의 표출이기도 하다. 그러나 우리 손으로 뽑은 국가 원수에 대한 모독적 표현은 민주주의의 언론이나 표현의 자유를 넘어 방종이지 싶다. 지극히 편향적인 뗏법의 목소리가 국론 분열을 조장하며 극렬한 시위로 국력을 낭비하는데도, 대다수 정의와 정론은 무저항적 침묵으로 일관하는 모습이어서 안타깝기 그지없다.

온 국민의 힘이 하나로 규합되지 못한 채 소모적인 논쟁으로만 치닫는 일들이, 행여 비논리를 부추기며 적을 이롭게 하는 세력의 온상이 되지나 않을까 크게 염려될 뿐이다.

흘러가는 물인 것을

직장 동료였던 그녀는 대화의 분위기를 잘 이끌어가는 재치 있는 여인이었다. 나의 전출을 못내 서운해 하며 모임을 만들겠다고 앞장섰다. 나이도, 성별도, 계층도, 서로 다른 동료 열다섯 명 모두는 나와 영원할 것처럼 그 뜻을 반겼다. 그렇게 내 관계의 끈이 또 하나 맺어졌고, 내가 그곳을 떠난 뒤에도 우리는 상당 기간 매달 반가운 얼굴로 만나 소소한 이야기까지 풀어놓으며 끈끈한 정을 이어갔다.

그런 시간이 물처럼 바람처럼 흘렀다. 각자의 일터도 하나둘 흩어졌고, 바위를 감싸 돌다 흘러간 계곡의 물처럼 누가 먼저랄 것도 없이 우리도 서로를 돌아 멀리 흘러갔다. 모두가 떠난 빈자리에 홀로 남겨진 바위처럼, 그것이 순리라며 서로를 붙들어 놓지 못했다.

다시 꽤 오랜 시간이 흐르고 그들과 내 인연의 끈도 삭아가던 어느 날, 재치 있고 유쾌한 여인이 한껏 톤을 높인 반가운 목소리를 전해 왔다. 내가 보고 싶어 만남을 주선했더니 모두가 반갑게 동의했다며 날짜와 장소, 시간 그리고 참석하겠다는 열두 명의 이름을 문자로 보내왔다. 물론 그녀가 적극적으로 앞장서 일일이 전화를 했을 것으로 생각했다. 아주 흘러가 버린 물인 줄만 알았는데, 내가 만남의 실마리가 되었다는 생각에 기쁘고 고마웠다.

오랫동안 늘어졌던 매무새를 다듬고 서둘러 도착한 식당은 외진 곳에 있었고 손님도 거의 없이 조용했다. 먼저 와 있던 남자 회원 두 명이 나를 반갑게 맞았다. 우리의 관계가 조금씩 소원해질 때도 이따금 애경사를 알려오며 내 안부를 묻던 이들이다.

그런데 떠들썩해야 할 그녀의 목소리가 없다. 누구보다도 먼저 와서 반갑게 맞이해줄 줄 알았던 유쾌한 그녀가 보이지 않는다. 조금 더 기다려보기로 했다.

현직에서 물러나 있는 사람인데도 내게 예를 차리느라 두 사람이 조금 불편해 보인다. 시간이 무척 느리게 갔다. 나의 모든 촉각은 그녀가 곧 들어올 것만 같은 출입구 쪽에 온통 쏠려 있고 우리 셋의 공통 화제는 점점 궁색해져 갔다. 나이 든 나와 중간층 남자, 그리고 젊은 또 한 명의 남자가 가라앉는 분위기를 힘들게 견디고 있다. 유쾌한 그녀만 오더라도 썰렁한 이 분위기를 깰 수 있는데, 참석하기로 약속했다던 다른 여인들마저 한 시간이 넘도록 감감무소식이다.

누구도 더는 나타날 것 같지 않다. 나는 이제 그들의 상사가 아니라고 되뇌며 그들의 결례를 애써 외면한다. 내 심사를 읽은 회원이 모임을 주선했던 그녀에게 전화를 걸었다.

"그럼 연락이라도 바로 해 주었어야지."

나 보기 민망한 마음을 얹은 투덜거림이었는데, 짐작건대 갑자기 화급한 일이 생겼다는 답 같다.

선약先約의 자리를 들려오느라 늦었다며 취기에 머리를 조아리던 내 또래의 김 주사는, 그나마 약속을 아는 기본이 있는 남자였다. 기다렸다는 듯이 합세한 술자리가 떠들썩하며 조금 활기를 찾아갔다. 그러나 나로선 이미 참석의 명분을 잃어버린 씁쓸한 자리다. 그들끼리의 편안함을 위해서 서둘러 자리를 떴다.

참석하지 못한 여인들은 내게 이유 있는 전화 정도는 했어야 도리이지 않겠냐는 생각에, 섭섭하다 못해 불쾌했다. 약속을 깰 만큼 화급한 이유가 무엇이었을까. 애초부터 만나볼 생각도 없었던 것은 아니었을까? 그들이 나와의 재회를 기쁜 일로 생각했으리라 믿었던 게 나의 큰 착각이었다. 나도 적당히 둘러댔어야 했는데, 반가운 마음에 사양하지 못했던 것을 몹시 후회했다.

'갑자기 피치 못할 사정이 생겼었어요. 주선한 제가 참석 못한다 하면 모임이 무산될 것 같아 모두에게 알리지 않았는데….' 죄송하다는 그녀의 해명 문자가 떴다. 나를 보고자 했던 그녀의 진심만은 믿고 싶지만, 이미 꼬여버린 내 마음이다.

'옛사람을 찾아가면 옳게 사는 것이오. 옛사람이 찾아오면 옳게 산 것이라.' 했는데, 나는 제대로 살지 못했나 보다. 순리를 두고 서러워할 일은 아니다. 흘러간 물처럼 그녀들의 세상살이 응답을 바위의 마음으로 비워야 한다. 그네들도 역시 나를 잠깐 돌아 흘러가 버린 물이었고, 잠깐 스쳤던 바람이었다.

사람과의 인연은 3F(find, friend, forget)의 흐름이라고 건네주던 지인의 말을 떠올린다. 만나서, 친구하고, 떠나면 잊어라. 새로운 인연이 찾아오면 다시 만나고, 사랑하고, 떠나면 또 그렇게 보내는 게 사람의 삶인 것을, 인연이 다한 것들에 미련을 두고 가슴앓이할 일이 아니라는 말이다.

햇살에 부서지는 새로운 은빛 물결이 싱그러운 바람을 타고 내게 또 흘러든다. 그들도 나도 또한 서로서로 돌아 잠시 머물다 흘러갈 물일지라도 열렬히 사랑해야 할 일이다.

'우리 생명의 마지막 저녁노을에 이르러, 얼마나 많은 사랑을 했는지를 놓고 심판받을 것이다.' 라던 글귀에 움츠려 주름진 내 가슴을 활짝 펴본다.

나를 찾아오는 인연마다 충실하여 내 있는 모습 그대로 진심을 나눈다면, 심판대에 서는 날 웃음으로 만족한 결과를 기다릴 수 있지 않을까!

잡초

자유롭게 가지를 뻗고 선 은행나무 아래로 경계석을 따라 키 작은 가로수가 철제 틀 안에 빽빽이 심겨 있다.

도심의 미관을 위해 단장된 가로수는 방금 이발을 마친 머리처럼 깔끔하다. 전지가위로 싹둑싹둑 다듬어진 잎들이 대의를 위해 희생당한 열사처럼 말없이 서 있다. 토막 난 어린잎들을 보며 값싼 내 동정심이 잠시 그들의 아픔과 함께한다.

잡다한 것들로 어수선하게 심겨 있는 것보다 같은 무리끼리 곱게 가꾸어진 모습은 참 아름답다. 정리된 그 모습이 좋아 보이는지 오가는 사람들의 얼굴에도 미소가 퍼진다.

작은 가로수 나무들 사이로 우뚝 솟아오른 풀 한 포기가 내 눈에 띄었다. 어쩌다 그곳에 섞여 자랐는지, 통일된 그들의 아름다움을 방해하며 이방인처럼 어울리지 않게 삐죽 돋아있었다. 풀은 자기도 엄연한 식물이라는 권리를 주장이라도 하듯, 촘촘한 그 틈바구니에서도 당당히 뿌리를 내리고 기세 좋게 줄기와 잎을 위로 뻗어 올렸다.

풀의 생존권도 인정해 주어야 않겠냐는 자연 친화적인 논리보다도 그것이 공동체의 작은 질서와 평화를 깨뜨리는 파렴치한처럼 보여 눈에 거슬렸다. 무차별 동강 난 작은 나뭇잎들에 잠시 인간적인 아픔을 갖던 내가, 어느새 이중 잣대를 들이대며 풀은 결국 내 손에 의해 휘감겨 뽑혀 나갔다.

접어든 골목길이다. 전신주 곁의 한구석에서 무리를 지어 살랑대던 잔잔한 녹갈색의 잎들이 나의 눈길을 끌며 걸음을 붙잡는다. 어릴 적, 손바닥 위에 올려놓고 약간의 침을 묻혀 돌돌 거리면 아주 작은 알갱이 씨앗들이 튕겨나던 강아지풀이다. 귀퉁이가 깨져 누군가가 내다 버린 옹기 화분에 스스로 발을 딛고 자랐다.

다붓하게 모여 바람을 타던 강아지풀은, 윤기 자르르 흐르는 잎을 달고 아름답게 꽃을 피운 여느 화초 못지않게 내 마음을 빼앗기 충분했다. 아무도 돌보지 않은 척박한 환경에서도 오로지 강인함으로 견디며 풍성한 아름다움을 선사하고 있었다.

작고 긴 타원형의 머리에 열은 녹갈색의 자잘한 씨앗을 품고 둘레로 보송보송한 하얀 털을 세운 강아지풀들이 참 사랑스럽고 예쁘다. 가느다란 줄기를 감싸고 있는 잎은, 고고한 난처럼 제법 유연한 곡선으로 뻗어 가을 색을 입고 훌륭한 작품으로 거듭나 있다.

어디서나 쉽게 볼 수 있는 소박한 모습의 풀이지만, 그들끼리 통일된 아름다움으로 초저녁 가을바람을 유희하는데, 누군들 하찮은 잡초라 여겨 뽑아버리겠는가. 내 발길을 붙들며 조용히 마음을 이끌던 강아지풀에는, 그들만의 작은 질서나 아름다움을 파괴하는 그 어느 방해꾼도 존재하지 않았다.

오늘도 선량한 사람들의 상식적인 삶에 질서를 깨뜨리는 불편한 소식들이 쉼 없이 오르내린다. 무리의 평화를 깨는 파렴치한들은 작은 가로수들 사이로 우뚝 솟아 있던 잡초처럼, 누군가의 손에 영원히 뽑혀 버려져야 할 것들이다.

배 교장의 사랑편지

남편 앞으로 보내온 교장 선생님의 편지는 연보라색, 살구색, 그리고 분홍과 연두색 등 은은한 한복의 빛깔을 닮은 고운 한지였다. 편지의 귀퉁이마다 곱게 말려 붙인 들꽃은 단아한 여인의 자태로 들 바람을 그대로 전해왔다. 게다가 톱날 가위로 한지 둘레를 예쁘게 처리한 열네 장의 고운 편지는 그리운 임께 보내는 여인네의 연서를 보는 듯했다.

여섯 살이나 아래인 남편에게 항상 장문의 안부 편지를 먼저 보내시는 배 교장이시다. 한자가 빼곡한 독특한 필체의 편지 서두에는 어김없이 '귀부인 김 교장님' 이라는 내 안부를 빼놓지 않으신다.

한때 뇌혈관계 질환으로 위험한 순간을 겪기도 하셨지만, 건강을 되찾고 오래전 이리 지역 중학교 교장으로 정년 퇴임하셨다. 익산에 있는 '미륵산'과 '배산'을 천 번 넘게 오르시며 지금도 매일같이 산행 하신다니, 의지가 얼마나 강하신 어른이신가.

정성 들인 들꽃의 한지는 아마도 가정과 교사 출신이셨던 사모님 솜씨 같아, 내외분의 고우신 마음을 보는 듯했다. 내가 정읍 관내 초등학교 교감으로 있을 무렵, 교장 선생님의 고향 선산 가까운 '초강' 마을이라는 곳에 학교가 있었다. 교장 선생님께서 가끔 익산에서 이곳으로 벌초하러 오시는 날은 일부러 나의 근무처를 찾아 주시곤 했는데, 그때마다 사모님은 정성스럽게 음식들을 장만하여 보내 주셨다. 맛깔스러운 단자와 강정 등 이바지처럼 정갈한 음식은 그 모양새가 너무도 아름다워 함부로 먹기 아까울 정도였다. 파릇파릇한 엷은 속살을 내보이던 쑥튀김은 정말 예술이었다.

교장 선생님은 박정희 대통령 시절, 산업 근대화 계획에 따라 익산에 세워졌던 대규모 실업계 국립 고등학교 교감으로서 남편의 상사였다. 부러질지언정 구부러질 줄 모르고 하늘을 찌르던 그분의 자존심은 남편과 너무도 닮아 오히려 서로 잘 통했다. 누구보다 남편의 능력을 인정해주고 신뢰를 쌓아가던 관계는, 진로에 새롭게 눈을 뜨게 해준 중요한 계기가 되었다. 그분이 멘토가 되어 공과 실적을 쌓는 일에 노력했던 남편은 승진 시험 제도가 사라지던 마지막 해, 가까스로 교감시험 응시 자격을 얻을 수 있게 되었다. 그리고 전국 국립학교 경쟁자 중에서도 우수한 성적을 얻어 승진하게 되었다.

사람은 누구를 만나느냐에 따라 인생의 성공 기회가 갈릴 수 있다는 것을 새삼 깨닫게 해준다. 그런 인간적 교류는 더욱 끈끈한 유대로 길게 이어졌고, 남편이 어려운 조건에서 교육감 선거에 나왔을 때도 보이지 않는 곳에서 진심으로 도와주셨던 고마운 인연이었다.

그분의 편지는 단순히 안부를 묻는 것이라기보다 곁에 있는 친구와 정담을 나누듯, 언제나 긴 사연들로 채워진다. 그만큼 남편과 대화를 나누고 생각을 교류하고 싶어 하는 진솔하고 다감한 그분의 마음 표출이다.

편지는, 일제 강점기에 만주 벌판과 고산준령에서 활동하던 독립투사들을 존경해야 한다는 이야기로 시작했다. 공출로 빼앗기던 농민들의 심정, 소나무 껍질을 벗겨 생기를 먹던 일, 흥남 군수공장에서 콩기름을 짜고 난, 부패한 찌꺼기로 죽을 먹던 사람들의 이야기 등, 피죽으로 연명하던 당신이 겪었던 고난사를 회고한 내용으로 장장 펼쳐갔다.

자유당 정권, 6 · 25 동족상잔, 4 · 19 혁명, 5 · 16 군사 쿠데타 등 근대화 과정을 거치는 과정에서의 시대 울분과 정치의 난맥상 등, 편지 속에서 한 편의 한국사를 펼치시며 공감을 얻고자 하셨다. 대하 드라마 같은 편지에서 그분은 그 시대의 주인공으로 서 계시며 남편과 나누고 싶은 이야기가 너무 많으신 듯했다.

배곯고 지내온 어릴 적, 제대로 밥을 먹어 봤어야 밥맛을 알지 않겠느냐는 가슴 아픈 이야기로, 밥맛없다는 요즘 아이들을 강하게 꾸짖으며 교육자다운 모습으로 사연은 끝이 없었다. 보내온 편지마다 늘 그런 내용이듯이, 잘못되어 가는 교육계의 한탄과 정치 이야기는 빼놓을 수 없는 논제로 그만큼 남편과 생각을 같이하셨던 분이셨다.

그뿐만이 아니다. 우리 한국인의 성정이 되어버린 빨리빨리 문화, 양반의 걸음이 사라졌다는 자각 논, 반바지에 슬리퍼를 신고 거리를 활보하는 무례한 옷차림, 다른 곳에 시선을 둔 채 진심이 담기지 않은 잘못된 악수의 모습에 대한 날카로운 지적, 무개념적으로 사용하는 '센터'라는 낱말 등, 정치 · 역사 · 사회 · 문화 · 교육 전반을 넘나들며 당신의 냉철한 비판은 파도처럼 넘실거렸다.

정년을 맞이하던 당시의 심정과 토로하고 싶은 속내의 갈증이 남편을 향해 쏟아놓을 때는 회포를 풀 약주 한잔 대접에 무심했던 그동안의 형편이 죄송스럽기까지 했다.

늘 보아오던 산천초목과 공원의 철쭉 장미에도 이제 새로운 아름다움과 정이 느껴진다며 감정변화를 고백하셨다. 80 문턱에 오른 인생 황혼 길에서 덧없는 세월이 주는 처연한 심정 같아, 비슷한 세월을 따라가는 남편의 울적한 마음마저 헤아려지기도 했다.

변화와 격동의 세월을 살아오면서 여러 인생을 만났지만, 깊고 넓은 이해와 식견을 가진 신 의장을 만난 인연은, 당신의 인생 역사 속에 가장 귀한 행운이었다고 술회하셨다. 본받고 배울 점 많은 사람이라며 당신보다 나이 어린 남편에게 과분한 극찬을 해 주신 교장 선생님께 오히려 고맙고 송구스러웠다.

솔직하고 진솔한 당신의 고백으로 남편을 향한 믿음과 사랑의 만리장성을 쌓던 교장 선생님은, 원불교 신자이시면서도 가톨릭 신앙을 가진 우리 가정을 위해 하느님의 평화로 기도를 올리시며 '만해 한용운' 님의 시구로 장문의 편지를 마무리하셨다.

> 함께 영원히 있을 수 없음을 슬퍼 말고, 잠시라도 같이 있을 수 없음을 노여워 말고, 이만큼 좋아해 주는 것에 만족하

고, 나만 애태운다고 원망하지 말고, 애처롭기까지 한 사랑을 할 수 있음을 감사하고, 주기만 하는 사랑이라 지치지 말고, 더 많이 줄 수 없음을 아파하고, 남과 함께 즐거워한다고 질투하지 말고, 깨끗한 사랑으로 오래 가슴에 남는, 나는 당신을 그렇게 사랑합니다.

인생을 살아오면서 자신의 능력과 가치를 인정해주고 사랑해주는 사람이 단 한 사람이라도 있다면, 그는 행복한 사람이며 성공한 인생이 아닐까? 남편을 성공한 인생으로 평가해준 교장 선생님의 사랑 편지는 우리에게 귀하고 값진 보물로 남아 있다.

제3부

삶의 빛

내일은 또다시 내일의 태양이

봄이 온다는 입춘이지만, 아직 겨울 끝자락의 바람은 무척 매섭다. 오늘은 이번 6월 4일 전국동시 지방선거에 출마할 예비후보자들이 등록을 시작하는 첫날이다.

언론을 통해 맨 먼저 자기 이름을 각인시키려고, 아침 일찍 각 후보는 발 빠르게 등록을 서둘렀을 것이다. 4년 전 2010. 6 · 2 전국동시 지방 선거 때 남편이 교육감 예비후보로 등록할 당시도 그런 심정이었다. 그러나 그것은 후보나 관계자 소수의 조급한 마음일 뿐, 대부분 유권자는 누가 먼저 등록했느냐에 큰 의미를 두지 않는다.

4개월의 총성 없는 전투가 시작되었다. 후보는 언론 기관을 찾는 인사로 첫 행보를 시작했다. 교육감 예비후보로 출정을 알리는 기자회견 동안 결의에 찬 남편의 표정은 사뭇 비장하기까지 했다. 참모들 또한 전장 터로 나가는 장수들처럼 모두 긴장된 얼굴이었다. 격식을 갖추느라 스커트 정장 차림으로 남편 뒤를 따르는데, 품속으로 파고드는 입춘 무렵의 꽃샘바람은 마음마저 얼어붙게 하고 익숙하지 않은 노란 어깨띠는 자꾸만 흘러내렸다.

전국동시 지방선거는 도지사, 교육감, 시장, 군수를 비롯하여 도의원, 시의원, 군의원 그리고 교육위(의)원까지 도, 시, 군 단위로 백 명 가까운 각종 후보가 난립했다. 각각의 후보를 한 날 한꺼번에 뽑아야 해서, 투표용지도 색색별로 만들어 다섯 번이나 기표해야 했다. 젊은 사람들조차도 어리둥절하고 혼란스러웠는데, 고령의 유권자들이 얼마나 자기 의사대로 정확한 기표를 했을까.

선거전이 본격적으로 시작되면서 거리는 각종 구호로 내걸린 형형색색의 현수막과 플래카드가 여기저기서 만장처럼 펄럭였다. 종일 쿵쾅거리는 음악과 홍보 스피커 소리는 서로 엉켜 귀가 따가웠다. 거리거리에서 후보를 알리려는 운동원들의 율동은, 생업에 지친 유권자들의 눈길을 끌지 못하고 그들만의 유희로 끝나기 일쑤였다. 유세차를 좋은 목에 세워두려고 날마다 서로의 신경전이 날카로웠다.

후보는 새벽부터 자정을 넘기는 시간까지 정신적 육체적으로 초인이 되어야 했다. 가족들도 생면부지의 촌로들까지 찾아다니며 명함을 돌리고 발이 부르트게 걷지만, 텅 빈 마을에서 후보를 알릴 방법이 없어 애만 태워야 했다.

시골어른들은 도지사나 시장, 군수 등 행정 관계 후보들에게는 관심을 보여도 교육감이나 교육위(의)원 선거에는 별 관심도 없었다. 마침 시골 성당 미사 시간이 되어 기도를 드리려고 들어갔다. 지친 몸과 막막한 마음이 서러움으로 엉켜 북받치는 눈물을 참느라 꺽꺽거렸다.

대중 앞에 얼굴을 알리고 제대로 된 평가를 받을 수 있는 교육감 후보 TV 토론은, 모두 고단한 잠에 빠져 있는 심야시간대였고 그런 시간마저 턱없이 부족하여 정확히 후보를 알릴 기회가 되지 못했다.

사람들이 많이 모이는 시장이나 행사장은 여러 후보와 선거운동원 그리고 후보의 가족들이 몰려와 서로 예민하게 반응했다. 많은 후보의 유세로 무감각해진 유권자들이 버린 수많은 명함은 길바닥에 나뒹굴며 짓밟히기 일쑤였다.

먼 길을 헤매며 종일 명함을 돌리던 어느 날. 한 중년 부인이 나를 물끄러미 바라보더니 혀를 끌끌 찼다. 선거 패배 후 잊을 수 없던 그 부인의 눈빛과 표정을 다시 생각해보니, 그 부인은 훨씬 앞서 나와 같은 고난의 길을 걸었던 사람이었지 않나 하는 생각이 들었다.

악재는 여러 곳에서 도사리고 있었다. 후보를 제대로 알리며 평가도 받기 전, 유세 초반부터 여론조사라는 미명으로 예비 후보의 인지도와 호감도를 정치적으로 몰고 가, 언론에 공개하며 출정 때의 강세를 흔들어 놓았다. 추세에 밝은 무리는 현직의 유리한 고지에 있던 후보의 눈치를 보았고, 남편은 교육 현장에 있는 사람들조차 만날 수 없도록 불공정한 제재를 많이 당했다.

여론조사에 민감하던 많은 사람이 하나둘 떨어져 나갔다. 오직 잿밥에만 눈독을 들이던 선거판의 꾼들은 자기들의 목적을 위해 별 술수를 다 썼다. 불법 선거를 하지 않겠다는 후보의 강한 의지를 알고는, 그들은 분위기만 흐려놓고 우리 조직의 혼란을 주도했다.

가장 중립적이어야 할 종교계 마저 진보성향의 일부 신부는 신자들 앞에서 드러내 놓고 특정 후보를 거명하며 지지 선동하는 강론으로 불법을 자행하여, 그 자리에 앉아 같이 미사를 드리던 남편을 울분케 했다.

부패하고 낙후된 전북 교육을 쇄신하겠다는 명분을 세우고 언론의 주목을 받으며 출발했지만, 선거는 후보의 올바른 교육관이나 청렴성, 그리고 추진능력과는 별개였다. 후보와의 호好, 불호不好, 혈연血緣, 학연學緣, 지연知緣 등으로 굳어가며 '선거는 돈과 조직력이다' 라는 불편한 진실 앞에 무너져 가고 있었다.

공명하고 정당한 선거의 길은 미명뿐이었고 요원하기만 했다. 이해득실로 머리를 굴리는 선거판의 속성대로, 어느 것 하나 남편에게 유리한 것이 없었다. 정치의 속성도 모르고 오로지 교육자의 철학만 내세웠던 몇 달간의 사투는, 예상 밖의 변수가 시시각각 돌출하면서 결국 패전으로 막을 내렸다.

가족과 친지의 희생을 감수하면서 한바탕 꿈같은 먼 길을 돌아왔다. 우리는 많은 것을 잃었다. 감당할 수 없는 거액의 빚까지 떠안아야 했다. 더 큰 충격은 자금 유용을 둘러싼 내부의 꾼들에게 농락당한 정신적 고통이었다.

어려운 조건에서도 남편의 능력과 올곧은 교육관을 인정하며 진심으로 우릴 도왔던 많은 사람에 대한 고마움은 두고두고 갚아야 할 마음의 빚이다. 기울어가는 판세에도 끝까지 함께 했던 이들의 아픔도 우리 부부가 짊어진 멍에다. 그러나 그

숱한 역경 속에서도 참뜻을 세워 빼 들었던 칼자루를 끝까지 거두지 않고 외롭게 싸웠던 남편의 투지에, 나는 뜨거운 눈물을 삼키며 박수를 보낸다.

상상도 못 했던 내 인생에서의 큰 시련, 그러나 원망도 후회도 없다. 모든 것을 잃은 것만은 아니다. 칠흑 같은 어둠 속에서도 우리가 희망과 진정한 평화를 찾을 수 있었던 것은, 가족의 사랑과 기도의 힘이었다. 수천 길 벼랑 끝에서 피할 수 없던 극단적인 생각 속에서도, 우리의 생은 세상 어느 것과도 바꿀 수 없는 더없는 가치임을 깨닫게 해 주신 절대자의 큰 힘을 보았다.

내 뜻으로 이루어지는 날은 그 어디에도 없다. 이제 모든 근심과 걱정을 그분 앞에 내려놓는다. 내일은 내일의 태양이 새롭게 떠오를 것이라는 믿음으로.

엄마 글 또 눈물이 펑펑

보낸날짜 : 2013년 12월 06일 금요일, 17시 34분 27초+0900

보낸사람 : 신승이 〈seungyee@sbs.co.kr〉

메일 내용

엄마에게 외할아버지가 계셨고 엄마도 누군가에게 사랑스러운 딸이었다는 사실을 새삼 깨닫고 놀란 적이 있었어요.

제가 철 들고 나서 일이니까 거꾸로 말하면 20년 가까이 엄마의 어린 시절을 진지하게 생각해 본 적이 없다는 거죠.

그 이후에도 엄마에 대한 개인적인 이야기에 대해서는 잘 알지도 못했고 깊게 생각해 보지도 않고 살아왔는데, 최근에 엄마 글 읽으면서 그런 점이 많이 죄송하고 안타깝고 마음이 아파요.

엄마의 유년 시절이 누구보다 큰 꿈으로 가득 차 있는, 맑고 아름다운 시절이었다는 것을 알면 알수록 엄마로서, 아내로서 살면서 겪어 온 고생과 어려움이 겹쳐져서 더더욱 마음이 아프네요.

엄마가 걱정스럽다고 하셨던 글, 저도 볼 용기가 안 나서 마지막으로 남겨 뒀다 봤어요.

어떤 사람들에게는 그렇게 대수롭지 않은 금액일 텐데 그 돈이 엄마 아빠 마음을 무겁게 짓누르고 있네요.

힘들게 키워 놓은 자식들은 별다른 해결책도 드리지 못하고… 답답하고 부끄러워요.

그나마 마지막 대목에서 말씀하신 부분, 진심으로 종교와 믿음에서 큰 답을 구하고 계신 것 같아 위안으로 삼게 됩니다.

퇴근길에 운전하다 보면(혼자 있을 수 있는 거의 유일한 자유시간) 가끔 컴컴한 밤길처럼 앞으로 내가 가야 하는 길이 아무것도 보이지 않고 불쑥 무언가가 튀어나올 듯해서 갑자기 무섭고 두렵게 느껴질 때가 있어요. 불행한 생각이 꼬리를 물고 결국에는 외롭다, 우울하다… 기분이 바닥을 칠 때가 있죠.

꼭 아빠 일 때문이 아니라 아마 담은이를 낳고 책임감이 좀 더 생기고 생각이 많아지면서 일어난 변화 같아요.

하지만 아침 출근길이면 여지없이 밤새 우울했던 기분이 머쓱해지면서 또 오늘 하루 헤쳐 나가야 할, 눈앞에 닥친 일이 머리 속에 맴돌아요.

이렇게 하루하루, 밤이 가고 아침이 오고 또 밤이 와도 결국 아침이 올 것이라고 생각하면서 살게 되는 것 같아요.

모든 일을 너무 극단적으로 심각하게 생각한다는-(걱정이 많다는)-담은 아빠의 지적, 마음에 새기면서 저도 밝게 살려고 노력하고 있어요.

엄마, 기도하고 또 기도하는 모습, 스스로를 잃지 않으려고 노력하시는 모습, 끝까지 내면의 품위를 지켜나가는 모습, 진심으로 존경합니다. 사랑해요 엄마.

토정 선생은 이미 알고 계셨다

서랍을 정리하다 몇 해 전 인터넷에서 뽑아보았던 토정비결土亭秘訣을 발견했다. 남편이 공직선거에서 낙선한 뒤, 힘든 시기를 극복해오면서 한숨 돌리던 때였다.

토정비결은 선조 시대 '토정土亭 이지함' 선생이 왜란과 호란 그리고 당쟁으로 신음하던 백성들에게 새로운 한 해를 기대하고 대비하는 마음으로 희망을 주고 싶어 통계를 기초로 한 예언서라 전한다. 심심풀이든 답답한 생활의 탈출구를 찾기 위해서든, 새해가 되면 재미로 한 번쯤 보게 되는 토정비결은 많은 사람에게 꾸준한 관심거리가 되고 있다.

불운의 선거 패배는 내 삶에 큰 지각변동을 일으켰다. 치욕스러운 몸 고생까지 당해야 했던 남편을 보면서 눈물 마를 날 없던 나날들. 하지만 그것으로 모든 일이 끝난 것은 아니었다. 돌아온 남편에게 남겨진 막대한 채무의 압박은 대책 없는 지옥의 하루하루였다. 황당하게 부풀려진 선거 비용의 진실을 밝히는 긴 법정 싸움이 또 몇 해를 이어갔다.

거대한 장벽과 수없이 부딪히며 암울한 현실에 좌절하는 동안, 잠시 구름에 가려 보이지 않던 엄연한 태양의 실존마저도 나는 부정했다.

'이 또한 지나가리라.' 되뇌며 망망대해의 풍랑과 맞서 가까스로 생을 보존해오던 우리 부부. 그 뒤의 생활이 토정 선생의 예언과 얼마나 일치했을까? 지나간 일들을 조목조목 맞춰볼 수 있다는 생각은 가슴 저리는 아픔의 회상이기도 했으나 흥미롭기도 했다.

> 얼었던 강물이 녹아 가슴을 적시니, 대지의 풀들이 향기로 보답한다.
> 훈훈한 숨을 토해 내며 마침내 기지개를 켠다.
> 들판에 꽃이 만개하니 나의 부귀와 영화를 상징할 것이오. 어렵다고 생각한 일들은 이미 지나간 일. 새롭게 찾아올 기회만 생각하라.

어떠한 경쟁에서도 나의 강한 기운으로 이겨 낼 수 있고 이득을 만들어 낼 수 있다.

600여 년 전, 토정 선생이 남편에게 남긴 희망의 말씀이었다. 채무를 탕감받기 위한 재판은 끝이 보이지 않던 어둠의 터널에 작은 빛을 비춰주었다. 그 후 새로운 판결로 정상적인 채무가 밝혀지고 모든 부동산의 압류도 풀 수 있었다. 집안 형제들의 이해와 도움으로 빚 정리가 가닥을 잡으면서 짓눌렸던 숨통이 틔었다. 처절한 눈물의 기도를 허락하신 나의 신께서 토라지실 일이겠지만, 토정 선생의 예언은 적중한 셈이었다.

다만 가정에서 한차례 다툼이 있으니 다툼은 다툼으로 끝내야 한다.

음식에 간을 하듯, 경거망동을 삼가라는 토정 선생의 빠뜨리지 않는 경계의 철학이었다. 인생사의 어려움을 해결하는 과정에서 부부의 의견이 일치할 수만은 없다. 힘든 일도 끝까지 인내로 화합하며 지혜롭게 풀어가도록 가르치는 금언이었다. 수천 길 나락에서 회생한 내 지난 시간을 토정비결의 예언에 꿰어다 붙이니, 일치하는 비유들이 참으로 신통하기만 하다.

나의 토정비결도 남편과 같이 훈풍의 해설이었다. 부부는 일심동체인데, 상반되는 예언이라면 토정비결이 인공위성을 쏘아 올리는 이 시대까지 꾸준한 사랑을 받을 수 없지 않았겠는가.

> 어려움은 한낮의 태양이니 곧 시원한 밤을 맞이할 것이다.
> 활동 영역을 넓히고 대인 관계를 확장해야 하는 시기다. 많은 사람과의 인연으로 돌아오는 큰 기쁨을 얻을 것이다.

남편은 재판이 마무리되던 이듬해 봄, 충격의 후유증으로 그동안 우울증에 빠져 두문불출하던 나에게 세상 밖으로 얼굴을 내밀 용기를 갖게 했다. 무언가에 열심히 할 일을 만들라 하여 평생학습을 시작했고, 새로운 친구들을 만들었다. 큰 기쁨을 얻을 것이란 예언은, 졸필을 통해 상처를 치유할 수 있었음과 동시에 세상과 물질을 새롭게 보는 슬기로운 안목을 갖게 된 일이 아니었을까?

> 남을 위해 희생한 것이 오히려 큰 복이 되어 돌아오니, 덕과 부귀가 함께 찾아오는 길운이다.
> 덕을 쌓고 욕심을 버린다면 사람마다 도움을 주고자 하니 만사형통 대길의 운이다.

내 운세도 그렇게 총체적인 길운으로 바뀌고 있었다. 그런데, 내가 남을 위해 희생한 일이 있었던가? 하긴 남편도 남이라면 남이지, 남편의 일로 그동안 사투를 벌이며 살아오지 않았던가. 눈물이 얼어 쌓인 설雪 섬에 참담한 처지로 내몰린 남편을 찾아, 동토凍土의 바람을 안고 가파른 길을 수 없이 오르내리던 지난 몇 달과 재판으로 또 이어진 몇 해였다.

몇백 년이 지난 선생의 술서術書가 과학적이랄 수 있는 통계에 근거했고, 백성의 삶을 위한 발로였음에 존경심마저 들었다. 사랑하는 가족의 기도와 고마운 이들의 위로에 우리가 다시 일어설 수 있으리라는 것도 토정 선생은 이미 예견하고 있었다.

망망대해의 풍파를 헤치고 돌아와, 지친 몸을 가누며 재미로 들여다보던 '토정 이지함' 선생의 비결은 다소 철학적이고 공허했다. 그러나 내가 그것을 버리지 않았던 일은, 그곳에서라도 위로받고 다시 떠오르는 태양을 볼 수 있다는 희망을 붙들어 두고 싶었던 절절한 마음에서였지 않았을까.

당신 종이 되겠나이다

어릴 적 우리 집 골목 끝에는 교회가 하나 있었다. 교회에 살던 내 친구 아버지는 일요일이면 긴 밧줄을 끌어당겨 종각 꼭대기의 종을 울렸다. 바람을 타고 동네 밖까지 퍼져 나가는 은은한 종소리가 참 듣기 좋았다.

성탄절이 되면 센베 과자와 굵은 설탕이 듬뿍 묻은 왕사탕을 받으러 아이들은 교회로 모여들었다. 여름 성경 학교가 열릴 때나 성탄절엔 나도 그들과 함께 철새 신자가 되었다.

결혼 뒤 처음 아파트에 살 때, 베란다 앞쪽으로 난 골목에 성당이 마주 보였다. 그곳에 높게 서 있던 하얀 예수 석고상은 언제나 나를 품을 듯, 두 팔을 벌리고 있었다.

철쭉 동산이 불붙듯 만개하던 오월 어느 날, 성가대의 찬양 화음이 저녁 공기를 가르며 아름답게 들려왔다. 하얀 미사 포를 두른 신자들이 성모상 앞으로 길게 줄을 서 촛불을 밝히고 있었다. 아름답고 평화롭게 귀를 적시던 교회 종소리처럼 촛불의 행렬은 무척 성스러워 보였다.

중학교에 다니던 아들이 고열로 편도까지 붓더니 음식도 먹지 못하고 일주일째 결석을 했다. 은근히 걱정되어 조퇴를 하고 아이를 앞세워 병원을 다시 찾았다. 젊은 의사는 그때야 피딱지로 엉망이 된 잇몸을 자세히 살펴보더니, 아들을 잠시 나가 있으라며 심각한 표정으로 나를 잔뜩 긴장시켰다.

큰 병원으로 데리고 가 보라는 것이었다. 갑자기 주위가 누릿한 안개 같은 것들로 흐릿하더니, 다리가 휘청거렸다

"지금 뭐라 했어요? 왜 이제사 그런 소리를 하는 거예요?"

"그럼, 아이를 혼자 보낼 때는 건성으로 약만 주었단 말이에요?"

난 악머구리 소리를 내며 의사에게 바락바락 대들었다.

힘겹게 뒤따르던 아들이 기운 없어 축 늘어진 어깨를 하고 아파트 입구 계단에 주저앉아 있는데, '저 아이가 이제 죽을 수도 있겠구나!' 라는 생각이 들자, 참았던 눈물이 왈칵 쏟아졌

다. 병원에 갈 준비를 하려고 아들을 밖에 둔 채 방으로 들어와 그대로 주저앉았다.

"하느님! 우리 아들을 살려주세요. 하느님! 제발 우리 아들을 살려주세요."

"당신 종이 되겠나이다. 제발, 우리 아들만 살려 주세요. 하느님!"

그동안 한 번도 찾지 않던 하느님을 불러 대며 울부짖었다.

화급하게 달려온 남편의 얼굴이 잿빛이 되었다. 대학병원으로 가는 택시 안은 무거운 침묵만 흘렀다. 검사를 위해 피를 뽑던 의사가 사색이 된 우리를 보며 위로의 말을 건넸다. 혈액암이 아닐 수 있으니 속단하여 불안해하지 말라는 것이었다. 결과를 기다리는 스물네 시간, 피를 말리는 생지옥의 시간이 흘렀다.

의사의 표정만 살피고 있는 긴장된 마음에 손이 땀에 흠뻑 젖었다.

"다 정상입니다."

"치과로 데리고 가 보세요."

"네? 정말이에요? 선생님, 감사합니다. 정말 감사합니다."

날아갈 듯한 벅찬 기분이었다. 방방 뛰며 만세라도 외치고 싶었다. 세상을 모두 얻은 기분이었다.

마침 사랑니가 나오고 있는 곳에 편도선의 염증이 균을 증식시키며 잇몸을 붓고 헐게 하여 입안을 온통 피딱지로 만들어 버렸던 것이다. 입안을 개운하게 소독하고 나니, 열이 내리면서 밥맛을 찾은 아들은 건강한 일상으로 돌아왔다.

하느님의 종이 되겠다고 울부짖으며 약속했던 일이 몇 날 며칠 가슴을 무겁게 했다. 하느님의 벌이 두려웠다. 집 앞 골목에 있는 성당을 나가기로 마음먹고 어스름한 저녁 미사 시간을 택했다. 내 모습이 뚜렷하게 드러나지 않을 것이라는 계산이었다.

어정쩡한 모습으로 살며시 성당 문을 열고 들어서는데, 경건하고 엄숙한 그 어떤 묘한 분위기가 나를 압도했다. 끝자리에 엉거주춤하게 엉덩이를 걸치고 앉았다.

"평화의 인사를 나눕시다."

신부님의 말씀에 신자들은 이쪽저쪽으로 고개를 돌려가며 서로 인사를 나누었다. 누가 나를 알아볼까 봐 제대로 고개도 못 들고 있는데, 앞줄에 있던 한 자매가 얼굴을 돌리며 내게 "평화를 빕니다." 하고 활짝 웃었다. 당황했다.

옹색스러운 몸짓으로 인사를 나누고 슬그머니 그 자리를 빠져나왔다. '앉아 있기라도 했으니, 난 하느님과의 약속은 지킨 거야.' 라며 애써 나를 다독였다.

누구의 눈에 띄었는지, 내가 성당에 나왔었다는 것을 알게 된 구역 반장은 어색해하는 나를 이끌고 입교를 시켰다. 매주 화요일 저녁마다 두 시간씩 6개월간 교리공부를 했다. 퇴근 뒤, 저녁 준비를 서두르고 성당으로 가는 발걸음이 참 행복하고 즐거웠다.

큰딸이 대학 시험을 보러 제 아빠와 상경하던 12월 셋째 일요일, 나는 눈처럼 하얀 미사 포를 머리에 두르고 이마에 성유를 바르며 성수로 세례를 받았다.

"그대는 하느님의 자녀로서 자유를 누리고자 죄를 끊어 버립니까?"

"네, 끊어 버립니다."

"죄의 지배를 받지 않도록 악의 유혹을 끊어 버립니까?"

"네, 끊어 버립니다."

"죄의 근원인 마귀를 끊어 버립니까?"

"네, 끊어 버립니다."

손에 받쳐 든 촛불이 내 깊은 심장에서 토해 내는 뜨겁고 긴 숨에 파르르 떨렸다. 당신 종이 되겠다던 순종의 처절한 눈물이었을까? 성혈인 포도주에 성체를 적셔 내 혀에 올려 주시던 신부님 앞에서, 나는 뜨거운 눈물을 주체할 수 없었다.

그 눈물의 의미가 무엇이었을까! 죄 사함이든, 삶의 무게에서 해방되는 기쁨이든, 범접할 수 없는 하늘의 아버지를 내 아버지로 삼는 거룩하고 벅찬 순간임은 틀림없다. 나는 그렇게 '율리에따'라는 세례명으로 하느님을 아버지로 모시며 새롭게 태어나고 있었다.

아직도 나는 힘들고 두려울 때만 하느님을 찾는다. 앞이 보이지 않은 칠흑 같은 절망감에 있을 때, 그때야 다시 하느님을 찾으며 울부짖고 매달린다. 그런데도 그분은 늘 내 곁을 떠나지 않고 나를 일으켜 세우신다.

나의 하느님은, 내가 당신의 종이 되길 원치 않으신다. 당신의 자녀인 '율리에따'가 항상 감사와 기쁨의 생활로, 당신께 찬미 드리고 영광 돌리기만을 기다리고 계실 뿐이다.

삶의 빛

서둘러 가버린 서산의 가을 해는 아침 해를 재촉하지도 않고 느긋하다. 사방으로 툭 터진 꼭대기 층 아파트 베란다에 나가 버릇처럼 창문을 활짝 열어젖힌다. 그리고 두 팔을 벌린 큰 숨으로 나만의 아침을 맞는다.

폐부 깊숙이 빨려오는 상큼한 공기에 밤새 쌓였던 온몸의 찌꺼기가 모두 빠져나가는 쾌감을 맛본다. 여우 눈 같은 불빛을 쏘며 어둠 새벽을 내달리는 자동차들로 밖은 벌써 팽팽한 하루가 열리고 있다. 멀리 내다보이는 어느 아파트 주방 쪽 작은 창에서 하나둘 부지런한 빛들을 밝힌다.

젖은 머리를 싸매고, 얼굴에 바르던 크림으로 끈적이는 손을 씻으며 아침 준비를 하던 슈퍼여성은 널브러진 주방으로 발을 옮긴다. 나와 아이들, 수험생의 야간 도시락을 포함한 일곱 개의 해체된 보온통과 찬 그릇이 식기 통에 산더미처럼 쌓여 있다. 소중한 낮 볕을 놓치면 낭패라는 생각에, 마음은 먼저 세탁기 속의 빨랫감에 가 있다. 욕실로, 베란다로, 방으로 종종거리던 내 모습이 저 새벽 불빛에 있다. 아이들의 잠을 깨우는 소리, 등교 준비와 내외의 출근 준비로 한바탕 부산한 벌떼들의 움직임이 이어진다. 차분히 앉아 아침을 제대로 먹는 건 모두에게 사치다.

수십 년 매일같이 쫓기던 시간의 구속에서 벗어났다. 나를 잡고 있던 많은 것들이 순리를 따라 떠났다. 이제 나의 아침은 마냥 여유롭고 편안하다. 낮은 주택들이 바둑판을 이루며 드넓게 자리하고 있는 내 집 베란다 앞쪽은, 거칠 것 없이 불어오는 상쾌한 이 바람을 방해하지 않아 참 다행스럽다.

어둡던 무대 위로 오페라의 잔잔한 서곡이 퍼지듯, 여명은 동편 하늘로부터 엷은 살굿빛 구름 융단을 펼치고 있다. 밤새 온 세상을 밝히던 붉은 교회 십자가 빛들이 제 할 일을 마치고 새벽 가로등 불빛과 함께 하나둘 꺼져간다. 저 멀리 보이는 산들은 원근의 농도만 달리한 채색으로 운무를 휘감은 수묵화처럼 뿌옇고 편편하다. 붓끝에서 단숨에 그어 놓은 것 같은 능선만이 산의 경계를 이루며 멀리 떠 있다. 묵직하고 희끄무레하던 것들이 여명에 뭉실뭉실한 숲의 형체와 건물의 실체를 드러내며 서서히 그리고 겹겹이 내 앞으로 다가선다. 구름은 새날을 준비하는 동편의 기운을 받아 오렌지빛을 더하며 파스텔 색조의 옅은 푸른빛 고운 하늘을 연출한다.

위용이 철철 넘치는 군주君主! 어느새 동산 위로 한 치쯤 떠오른 오늘의 태양이 찬란하다. 아침마다 그를 연모하는 벅찬 가슴은, 해를 품고 싶다는 욕망에 손가락 그늘을 만들고 태양을 정면 응시해 본다. 다시는 밝은 세상을 못 볼 것 같은 망막의 시린 고통이 나의 어리석고 무모한 짓을 무릎 꿇게 한다. 나는 다시 숙연한 마음으로 돌아와, 어제의 어둠에서 깨어나 새 바람과 새 빛을 허락해 주신 창조주께 무한한 감사를 드리려 두 손을 모으고 눈을 감는다.

고개를 내밀어 먼 서쪽 끝없이 이어진 하늘과 마을 끝의 아침을 본다. 오늘도 이 아래 저 곳곳에서 어김없이 펼쳐질 다양한 삶의 그림들을 떠올린다. 힘들어서 고단하고, 절망으로 비통한 사람들, 그리고 보람 있는 일로 뿌듯하고, 사랑을 나눈 기쁨으로 충만한 사람들의 모습이다. 이 아침이 생의 시작이었고 또 생의 마지막이 된 사람들의 장엄한 모습도 함께한다.

내게 주신 소중한 오늘, 나는 어떤 모습으로 이 하루를 보내야 할까. 찬란한 새 아침의 풍성한 햇살은 벌써 창을 넘어 내 안방 장롱 벽 깊숙이 환한 빛으로 들어와 있다. 나비 같은 몸짓을 하며 제 잎을 팔랑이던 '사랑초'가 수줍게 햇살을 품는다. 이제 들어가 나의 건강한 아침을 차려야지. 그리고 소중한 이 하루를 부지런히 움직여 보자.

어느새 태양은 더 강렬한 빛을 뿜으며 동편 산마루 위로 한 뼘이나 올라와 있다.

어느 노모의 회초리

꽁꽁 닫힌 사고의 틀 안에서 서로의 입장은 팽팽했다. 싸움의 원인이 나의 편견과 아집 때문이라고 질책하더니, 남편은 방으로 들어가 문을 닫아버렸다. 내 이야기를 더는 들어볼 필요가 없다는 뜻이다. 도대체 무슨 편견이며 내가 뭘 잘못했다는 건지, 내 이야기도 끝까지 들어줘야 하지 않은가. 무시당한 기분이 더 억울하다.

금세 코 고는 소리가 들린다. 허탈하다. 내 기분은 이런데 아무 일 아니라는 듯, 만사태평하게 잠들 수 있단 말인가. 어찌 그럴 수 있느냐며 잠 못 이루고 있는 나 자신이 한스럽기만 하다.

코를 골고 자 버리는 무시형 남자와 그 비정함이 사랑의 척

도라 셈하는 여자와의 생각 차이로 나는 밤새 잠을 이루지 못하고 속상해한다. 날만 새면 친정어머니가 계신 안성에 훌쩍 떠날 작정으로 주섬주섬 세면도구와 옷가지를 챙기며 겨우 분을 삭인다.

거사가 발각될 것을 염려하며 소리를 죽이고 나선 새벽 거리는, 부지런히 오가는 택시들의 불빛으로 하루가 열리고 있다. 숨이 턱까지 치닫도록 온종일 달궈대던 어제의 태양은 지쳤는지 깨어날 기미가 없다. 마실 나온 새벽바람만이 콱 막힌 내 숨길을 틔워준다. 씩씩거리며 나선 발걸음이 서늘한 새벽 공기에 안정을 찾아가며 울화로 치닫던 어제의 마음과는 사뭇 무게가 달라지는 느낌이다.

분풀이 계획이 슬그머니 현실과 타협을 시작한다. 요양원에 계시는 어머니를 남편과 같이 뵙고 온 것이 바로 엊그제였다. 고속도로 운전 경험이 없는 내가, 차를 몰고 가는 것도 용기가 나지 않는다. 그렇다고 몇 번씩 갈아타야 하는 대중교통을 이용하는 것도 불편한 일이다. 더욱이 요양원까지 들어가는 장거리 택시요금도 만만치 않다. 어쨌건 혼자 그곳을 다녀오기란 고생이 여간 아닌 길이니 포기하자는 결론을 내린다.

지금까지 먼저 굽힌 적이 한 번도 없는 남편에게 새삼스럽게 싸움 발단의 원인 제공자가 당신이니 잘못을 인정하라고 다그

쳐봤자 아무 소용없는 일이다. 오히려 사나워진 고양이의 오만방자한 역린이라고 치부할지도 모른다.

속내로는, '당신 말이 맞아.' 라고 생각했을지라도 당장은 그 속을 드러내 보일 남편이 아니다. 이번에도 그가 자신의 진정한 백기를 스스로 내보일 때까지 그저 이해하며 기다려 주었어야 했다. 그것이 냉전을 빨리 수습하는 평화로운 길이라는 것을 학습해 온 터다.

늘 한 자락 까는 그 말, 하늘을 찌르는 남자의 자존심 탓으로 돌리며 내가 참아주기를 잘했다 하니, 그 말에는 '내가 잘못한 것도 알아, 당신이 대들지 않아서 고마워.' 라는 숨은 뜻이 있다.

언제 그랬냐는 듯이 다정다감한 모습으로 돌아올 때는, 그가 일그러진 얼굴로 화를 내던 모습을 상상할 수가 없다. 그런 남편의 진심을 잘 알기 때문에 나만 속을 좀 넓게 쓴다면 다툼은 칼로 물 베는 식이 된다.

그런데 문제는, 인제 와서 새삼스럽게 나의 반란이 자꾸 고개를 쳐들고 있다는 점이다. 진의야 어떻든 선입견만으로 상대의 처사를 단정 짓고 일방적으로 질타할 때는, 이제 나도 항변의 순간을 놓치지 않고 끝까지 내 감정을 솔직히 쏟아내겠다는 것이다. 예전처럼, '아냐, 말은 저렇게 해도 내 진심을 잘 알겠지. 화가 나서 하는 억지소리야. 내가 조금만 이해하면

돼.' 라는 부처님 같은 도량을 쓰기 싫다는 것이다.

집을 나올 때 마음과는 달리, 어느새 내 발걸음은 잠시 생각을 정리하며 쉴 곳을 찾는다. 딸아이의 입원으로 익숙해진 가까운 대학병원으로 향한다. 근무가 시작되지 않은 이른 아침의 병원은 쾌적하다. 텅 빈 의자, 편의시설, 위생적인 식당도 모두 만족스럽다. 오늘같이 오갈 데 없는 애매한 시간에 나에게는 더없는 아늑한 쉼터다. 새로 지은 깨끗한 화장실에서 양치와 매무새를 다듬고 나니 답답했던 마음이 한결 풀린다.

아침을 해결하러 찾은 구내식당은 부지런한 보호자 몇 사람들만이 문 열기를 기다리고 있다. 전자기기 활용에 능숙하지 않아 식권 뽑는 기계 앞에서 망설이고 있는데, 궁색한 차림의 어느 노모가 식권을 사 달라며 작은 소리로 내게 조아렸다. 성가신 그를 쏘아붙이듯 퉁명스럽게 대하고 돌아서는데, 노모의 두 손에 쥐어진 5천 원짜리 한 장과 천 원짜리 두 장이 보였다. 그를 몰인정하게 대한 무례와 구걸하는 사람으로 단정해버린 편견, 순간 양심의 망치가 내 머리를 때렸다.

눈치 빠른 청년 하나가 노모가 부탁한 두 장의 식권을 입력하면서 천 원이 부족하다고 말한다. 아까의 미안함을 만회할 뜻으로 잽싸게 천 원짜리 한 장을 보탰다.

이중적인 얄팍한 내 자선에도 노모는 속이 빈 사람처럼 고개를 숙여가며 연신 고맙다는 인사를 했다. 병원에는 누가 입원했느냐고 부드럽게 말을 걸며 배식을 받은 그녀와 마주 앉았다. 교통사고를 당한 아들을 병간호하러 늙은 할아버지를 시골에 두고 왔다 했다. 이마와 양어깨로 성호를 그으며 수저를 들던 마디 굵은 노모의 손가락에 나와 같은 묵주 반지가 끼어 있었다.

"아드님이 빨리 회복되라고 저도 열심히 기도할게요. 너무 걱정하지마세요."

야누스의 내 얼굴이었다. 그러나 진심으로 쾌유를 빌고 싶었다. 노모는 갈퀴 같은 깡마른 두 손을 경건하게 모으며 먼저 일어난 나를 향해 아까처럼 연신 감사의 뜻을 표했다.

그랬다. 어젯밤도 상대의 입장 같은 것은 전혀 생각해 보려 하지 않았다. '왜, 나는 항상 일방적으로 남편을 이해만 해주어야 하는가!' 분명히 먼저 기분을 상하게 한 말을 던진 것은 남편이었는데, 더는 참지만 않겠다고 날을 세웠다. 편협한 생각으로 치닫던 어제, 그 일의 중심에 내 탓은 전혀 없다고 생각했다.

몸에 밴 노모의 겸손은 오만으로 가득 찬 나를 깨우쳐주는 회초리였다. 사실 별일도 아니었는데, 이기적인 내 마음의 분란이 나를 괴롭혔지 않은가. 분노 속에서 잠 못 이루며 자신을 힘들게 했던 어젯밤의 일은, 지금 할머니의 처지에 비하면 배부른 사치다.

생각을 정리하고 마음을 다잡고 나니 답답했던 가슴이 뻥 뚫린다. 피식 웃음으로 얼버무릴 남편의 얼굴이 떠오른다. 용기를 내고 집으로 돌아가는 내 발걸음이 하늘로 나는 풍선 같다.

외줄을 달리는 두 바퀴

넘어진 자전거를 또다시 일으켜 세운다. 얼굴과 등줄기로 땀이 끈적인다. 잔뜩 힘을 주며 긴장했던 탓인지 어깨가 뻐근하다. 내 무게를 더한 자전거 꽁무니를 붙잡고 한 시간 가까이 뛰어다니던 남편의 얼굴이 벌겋다. 넘어질까 무서워서 걸핏하면 브레이크를 잡고 멈춰 서버리는 통에 남편은 아까부터 못마땅한 표정이다.

"자전거가 쓰러지려는 쪽으로 몸을 기울이면서 핸들을 조정하란 말이야."

쓰러지는 쪽이라는 말에 유난히 힘을 주며 콕콕 다지는 뒷말이 애써 짜증을 참는 말투다.

한적한 시골길을 택해 자동차 도로 주행 연습을 하던 25년 전 일이다. 처음 실전에 임하는 긴장된 핸들은 내 의지대로 되지 않았다. 마주 오는 사람을 빤히 보면서도 자동차는 자꾸 그 사람쪽으로만 쏠렸다. 놀란 남편이 "죽여라, 죽여!"라고 다급하게 고함을 치며 핸들을 반대쪽으로 급히 꺾었다.

"핸들을 조절해야지, 핸들을! 이 돼야지 같은 멍충이야!"

"앞으로 운전할 생각 하지도 마!"

등골이 오싹했던 남편이 아랫입술을 앙다물고 눈을 부릅뜨며 벼락같이 내게 소리를 질러 댔다. 사태 파악도 제대로 못한 채 어리벙벙해 있는데, 계속 화풀이를 해댔다. 남편에게 운전을 배우면 이혼하기에 십상이라더니 정말 그랬다. 끝도 없이 어찌나 구박을 해대던지, 속이 끓어올라 견딜 수가 없었다. 나는 큰소리를 한바탕 내지르며 문을 박차고 내려버렸다.

그랬던 내 소갈머리를 잊을 리 없는 남편이다.

'내 몸 하나 중심을 못 잡고 자전거는 비틀거리다 자꾸만 넘어지는데, 핸들과 몸을 쓰러지는 쪽으로 기울이라니 무슨 이치야?'

이미 나의 뇌에서는 이해할 수 없는 남편의 이론을 불신하며 수용하기를 거부한다. 그러면서 고집스럽게 쓰러지려는 반대

쪽으로만 반사적으로 핸들을 꺾고 또 넘어지고 만다.

"아니, 시골 할머니들도 잘만 타는 자전거를 왜 그렇게 겁을 내?"

자기가 가르쳐 주는 대로 따르지도 않으면서 진전의 기미를 보이지 않자, 퉁명스럽게 한마디 던지고는 나와 자전거를 팽개치고 멀찌감치 떨어져 앉는다. 바퀴 달린 것들에 유난히 적응 못 하는 나. 기계치의 서러움에다 도전적이지도, 영민하지도 못한 미안함과 나 자신에 대한 불만스러움이 짜증스럽게 엉긴다.

자전거에 오르는 행동조차 어설퍼, 튕기는 페달에 여러 차례 얻어맞은 정강이와 종아리가 벌겋다. 자고 나면 이곳저곳 시퍼렇게 멍이 들 것 같다. 내심 남편의 동정을 구하려고 바지를 걷어 올려 울상을 지어보이지만, 화를 삭이고 있는지 애써 먼 곳만 바라보며 내 종아리에는 눈길도 주지 않는다.

햇살처럼 반짝이는 바큇살이 미끄러지듯 스르르 교문을 벗어나던 친구의 멋진 뒷모습은, 내가 자전거를 꼭 배우겠다는 동기를 갖게 했다.

결혼 전, 직장동료의 권유로 처음 자전거 운전을 배우던 날. 뒤를 붙잡고 온 힘을 쓰며 밀어주던 그 노력을 믿지 못하고 겁을 내며 갑자기 멈춰서는 바람에 그대로 고꾸라졌었다. 여기저기 씻긴 상처의 공포로 그 뒤 자전거와는 영 멀어지고 말았다.

나이 들어갈수록 근력 운동을 해야 한다며 남편은 늘그막의 내 생일 선물로 자전거를 사 왔다. 꼭 타게 만들겠다는 의욕이 앞선 남편에게 이끌려 운동장을 찾았지만, 넘어지고 다칠 것이 뻔한 일이라 걱정스럽기만 했다.

남들이 타고 다니는 자전거는 아주 나지막하고 안정돼 보이는데, 나는 외줄 위에 올라 서 있는 곡예사처럼 너무 두렵고 무섭기만 했다. 첫발을 올려 힘껏 굴려보지만, 단발로 멈춰지는 자전거는 매번 넘어지기 일쑤였다.

"발을 멈추지 말고 재빨리 페달을 이어 밟아야지, 페달을!"

넘어지려는 핸들에 신경 쓰랴, 페달을 밟으랴, 생각 따로 손발 따로이니 겨우 한 발짝 떼던 발은 자꾸만 페달을 벗어나고 만다. 소심하고 민첩하지 못한 내 움직임이 못마땅한지, 남편의 교수법은 자동차 도로 연습 때처럼 오늘도 여전히 친절하지 않다.

발도 닿지 않는 높은 어른 자전거 안장에 제대로 앉지도 않은 한 꼬마가 엉덩이를 씰룩거리며 페달을 밟는다. 어설픈 짓만 하는 나를 힐끗거리더니, 보란 듯이 두 손까지 놓고 의기양양하게 운동장을 달린다.

서로 지쳐 흥미를 잃고 연습을 중단한 지 일주일째다, 자물쇠에 묶여 있는 자전거 앞을 지날 때마다 아직 끝내지 못한 숙제 같은 찜찜함이 무언의 압박으로 다가왔다. 무슨 일이건 시작이 있으면 끝도 있는 법. 해내긴 해야 하는데 힘들고 어려운 일을 극복해 가는 그 과정이 늘 심란하고 두렵다.

불분명한 대상에게 은근히 화도 나고 오기가 생기는 그런 오늘이다.

'이대로 그냥 말 순 없지. 그래, 내가 남만 못할 게 뭐 있어? 꼬마들도 타고 나이 많은 시골 할머니들도 잘만 타는데 왜 겁을 내지? 자전거의 높이, 별거 아니잖아. 설령 떨어진다 해도 죽지는 않아.'

비장한 각오를 하고 이기지도 못하는 자전거를 비틀대며 운동장으로 끌고 나갔다.

'무릎이 깨지더라도 내가 오늘은 기어이 타고 말 거다.'

전사의 마음으로 작정하고 나니, 어떤 의지의 큰 힘이 솟구치며 정말 잘 달릴 수 있을 것만 같은 용기가 생긴다. 남편이 말하던 이론대로 해 보기로 했다.

'일단, 첫 페달을 힘차게 굴린다. 그리고 놓치지 말고 다음 발을 바로 이어 굴린다. 위험하면 브레이크를 잡고 땅에 발을 대자.' 자전거에 올라 머릿속으로 정리한 다음, 페달에 한 발을 올려놓고 숨을 크게 들이켰다.

첫발을 힘차게 굴렀다. 곧바로 페달을 연이어 굴리며 계속했다. 부르르 떨리던 손이 넘어지려는 자전거 핸들을 반사적으로 알아서 좌우로 흔들어대며 중심을 잡아갔다. 반작용으로 오르는 페달을 다른 발이 열심히 이어 밟았다. 신기하게도 바퀴가 앞으로 굴러갔다.

이해가 안 가던 '쓰러지려는 쪽으로 몸을 기울이라'는 남편의 구체적 이론은 내 몸이 알아서 저절로 그렇게 반응을 했다. 모든 일이 순식간에 이루어지고 있었다. 긴장을 풀지 못한 어설픈 자세에 상기된 내 얼굴로 바람 한 줄기가 시원스럽게 스치고 지나갔다.

분절된 구체적 이론의 이해보다 용기와 도전 정신이 바로 학습의 기본이었다. 한쪽 다리를 땅에 댄 채 안장에 앉아 잠시 여유를 부리는데, 언제 따라 나왔는지 멀리서 지켜보던 남편이 배시시 웃으며 다가온다.

'쓰러지지 않는 팽이는 계속 내리치는 팽이채의 힘이야.' 라며 잘했다는 남편의 격려다. 페달을 열심히 구르는 동안 자전거는 정말 쓰러지지 않았다.

앞바퀴가 이끄는 대로 그 길을 따르는 뒷바퀴. 핸들을 움직여 가끔 좌우로 균형을 조절해가는 달램. 자전거 두 바퀴의 움직임은 정직하고 서로의 믿음에 흔들림이 없었다. 달리는 자전거는 외줄 타기 인생행로처럼 서로 신뢰하며 따르는 부부의 길을 말해주듯 했다.

가을 해가 뉘엿뉘엿 기우는 천변에 나섰다. 억새들이 바람에 온몸을 맡긴 채 유영하듯 나부끼는 모습이 참 아름답다. 앞서 달리는 남편을 따라 내 자전거의 두 바퀴가 바람을 가른다. 은행잎 하나가 포르르 기분 좋게 내려와 내 앞길에 앉는다.

가을과 사랑에 빠진 여자

태양이 이글거리는 바닷가는 원색의 그늘막 행렬과 구릿빛 젊음으로 생명력이 넘쳐나고 있다. 온 대지의 생명체들은 활화산처럼 뿜어대는 여름날의 빛과 열기에, 제 살들을 채워가며 안으로 숙성하고 있다. 파도가 넘실대는 푸른 바다, 녹음이 우거진 청량한 계곡은 여름이 주는 활력소다. 그런데도 나는 젊었을 때부터 여름 바다를 별로 좋아하지 않았다. 탄탄하게 보여줄 몸매도 자신이 없었지만, 나무 그늘도 없는 땡볕의 바다, 그 뜨거움이 싫었다. 활동 자체를 무기력하게 만드는 더위의 여름 나들이도 반기지 않는다.

오월의 철쭉꽃 언덕에서 야들한 신록을 마주 대하며 새 생명을 찬미하던 어제가, 한달음에 달려온 맹하孟夏의 기에 눌려 화급하게 떠난 뒤, 그 애잔함으로 허망했다. 동이 트기 전부터 기세등등하던 여름날의 붉은 열기는, 시작부터 하루를 기진하게 하였고 밤잠까지도 훼방했다.

인생행로에서 예기치 않은 낭떠러지를 만나, 잠시 길을 잃고 참담했던 지난 몇 해가 이 혹독한 여름날이었을까! '이 또한 지나가리라.' 라는 주문으로 삶을 버텨오던 고난의 날들도 어김없이 지나가는 세월이 되었다. 계절의 형평성을 잃고 9월이 다하도록 물러설 것 같지 않던 긴 여름은, 헉헉대며 하루하루 지나기만을 손꼽아 세던 어느 날, 그도 슬며시 자리를 내려놓고 그렇게 물러섰다.

짧은 가을 해가 저물 녘, 쥐띠 해에 태어난 내 생일은, 추수를 끝낸 들판의 이삭만 주워 먹어도 배는 곯지 않겠다던 시월 중순이다. 밥 굶지 않는 생활 정도가 요즘 부의 척도로 어디 만족할 만한 덕담이기나 하던가. 풍성한 가을 저녁 들판은 서생원의 거리낌 없는 활동무대가 됨 직도 했을 테니, 부모님 덕으로 그나마 공직생활 사십여 년을 꽃 피운 게 평소 어머니의 사주 풀이였던 게 아니었나 싶다.

이른 아침, 열어젖힌 창문 너머로 가을을 맞는다. 부드럽고 상큼한 바람은, 살랑대며 구애하는 억새들의 수 없는 몸짓들과 함께 내 가슴을 파고든다. 모두를 비워낸 깃털처럼 가벼운 걸음으로 파란 하늘과 코스모스 펼쳐진 저 언덕길을 걷고 싶다. 풍선처럼 들뜬 마음으로 수채화 같은 환상적인 단풍 길도 가고 싶다. 그들을 맞으며, 마냥 행복해도 좋을 이 가을을 나는 사랑한다.

'이 또한 지나가리라.' 이 가을과 짧은 사랑을 나누기도 전에 동장군 훼방꾼이 몰려오지나 않을까 못난 마음이 벌써 두렵다. 아까워서 냉큼 베어 물지 못하던 아이스크림처럼, 들 바람 꽃바람을 그냥 놓쳐 버릴 것만 같은 조바심에 이 가을을 꽁꽁 매어두고 싶다.

불길 같던 여름이 있어, 알곡식과 오색의 열매로 내 식탁을 풍요롭게 했을 것이라는 공덕의 헤아림도 냉혹하게 그냥 묻어두고 싶다. 이 가을과 더욱 사랑에 빠져들고 있음은, 혹독한 그 여름이 있었기 때문이다. 그러나 나는 가을을 사랑하는 여자일 뿐이다.

창조주여! 이 아름다운 계절만이 심혈을 다한 당신의 작품은 아니겠지요?

— 『대한문학』 2014. 신인상 수상작

신인문학상 심사평

「가을과 사랑에 빠진 여자」는 흡사
'실비아 플라스' 의 한 편의 시를 연상시키듯
감정의 운용 면에서 매력적이다.

계절을 대비시켜 가며
상반된 선해를 풀어 놓는 형상언어가
전혀 어색하지 않고 자연스럽다.

사물에 투사하는 사유의 깊이도 적절해서 글에 읽는 맛을 더한다. 특히, '불길 같던 여름이 있어 알곡식과 오색의 열매로 내 식탁을 풍요롭게 했을 것이라는 공로의 헤아림도, 냉혹하게 그냥 묻어 두고 싶다.' 이런 구절은 김덕남 님의 작가적 기질을 부각시킨다.

'냉혹' 이라는 감각적인 묘사, 그건 배운다고 누구나 써지는 것은 아닐 것이다. 작가적 성향을 타고 났기에 가능하다고 본다. 왠지 작가로서 이름을 기억해두고 싶다. 많이 쓰고 번뇌하고 좌절에 치를 떨며 김덕남 고유의 작가의 힘으로 거듭나길 기대한다.

험난한 작가여정에 동참한 것을 환영한다. 막연히 수필가라는 타이틀에 만족하는 도식적 인간 군상들에 합류하지 말고, 수필작가 군에 당당히 속하는 큰 걸음을 내딛었으면 좋겠다. 축하드린다.

— 『대한문학』 2014. 봄호
심사위원 : 부명제(문학평론가)

아내와 나, 그리고 수필 하나

김덕남 수필 「가을과 사랑에 빠진 여자」를 읽고

수필가 김득수

나를 바라보는지 꿈길을 걷는 중인지 반쯤 열린 아내의 눈동자에 초점이 없다.

"뭐해?"

노트북 밑에서 뭔가를 꺼내 읽고 있는 나를 발견하고 아내가 큰소리로 물었다.

"아무것도 아냐."

들릴 듯 말듯 무관심한 내 답변이 아내의 궁금증을 증폭시켰다.

"뭐가 아무것도 아냐? 뭔데 그래?"

틈을 주지 않으려고 아내는 잽싸게 일어나 내 옆에 찰싹 붙어 앉았다.

"이리 줘 봐!"

아내는 내 품속을 파고들며 낚아채듯 뺏어갔다. 여백이 없도록 최소한으로 접어 노트북 아래 넣어 둔 메모지. 독서를 하거나 습작을 하다가 머릿속이 뿌옇게 흐려질 때면 슬그머니 꺼내어 읽어보는 글. 어느 문우님의 수필 「가을과 사랑에 빠진 여자」다. 아내는 남편의 비리를 만천하에 폭로라도 하려는 듯 큰 소리로 읽어 내려갔다. 하지만 얼마 안 되어 "음!" 소리를 내더니 금세 조용해졌다. 그리고 자세를 바르게 고쳐 앉아 낮은 목소리로 제목부터 다시 읽어 내려갔다. 오랜만에 보는 사뭇 진지한 독서였다. 비록 내가 쓴 글은 아니지만 내 곁에서 열심히 글을 읽는 아내의 모습이 신기하고 사랑스러웠다.

그해 따뜻한 봄날. 군대를 막 제대한 나는 치마 두른 여자만 보아도 가슴이 설렜고 아내는 대학에 갓 입학한 스무 살 신입생이었다. 나는 취직준비를 하고 아내는 학과공부를 하며 대학도서관에서 만난 우리는 사랑을 시작했다. 아내의 리포트작성을 도와 나란히 앉아 함께 책을 읽었다. 오늘 이렇게 한 편의 수필을 함께 읽는 것처럼.

나는 아내의 어깨를 살며시 감싸 안았다. 그리고 한참 후에 아내가 입을 열었다.

"흠. 좋은데, 당신은 이렇게 못써?"

"못쓰니까 이렇게 적어두고 보는 거잖아? 흉내 좀 내보려고. 이게 다 자네 때문이야."

아내는 그동안 내 글이 투박하고 문학성이 없다며 여러 번 핀잔을 주었다. 잘 읽어주지도 않았지만 읽을 때마다 다음엔 꼭 아련한 느낌이 나도록 쓰라고 주문했다. 이해인 수녀의 글처럼! 그러면 술술 잘 읽어주겠노라고 했다. 이해인 수녀의 글은 별로 아련하지 않다고 말해줘도 그래도 그렇게 써야 읽어준다고 했다.

"아무튼, 자네도 이 글이 좋다고 하니 참 반갑네."

"근데 좋긴 좋은데 좀 어려워."

"그렇지? 나도 열댓 번쯤 읽은 것 같아. 읽을 때마다 새로운 느낌이 들더군. 첫 문장에서부터 푹 빠져들었어. '태양이 이글거리는 바닷가는 원색의 그늘막 행렬과 구릿빛 젊음으로 생명력이 넘쳐나고 있다.' 정말 대단한 표현력이야. 단어 하나하나에 생명력이 넘쳐나고 읽을수록 맛이 나. 구릿빛 젊음의 해수욕장이 순식간에 눈에 들어오고 뜨거운 여름철로 나를 확 잡아당기더군. 그런데 이러한 멋진 표현들이 왜 내겐 떠오르지 않는 걸까. 생소한 단어들도 아닌데. 역시 좋은 글은 풍부한 어휘력과 직결된다는 것을 실감해. 그간의 많은 사색과 독서를 통해 만났던 단어들의 의미를 가슴에 촘촘히 새겨 둔 게 틀림없어. 그리고 그것들이 필요할 때마다 책장에서 책을 꺼내듯 툭툭 건드려 빼내 쓸 수 있도록 말이야. 그런데 60대 중반에 이런 아름다운 글을 쓸 수 있다는 것이 믿기질 않아. 유명 작가도 아니고 나와 띠동갑 연상인데. 오십 중반에 벌써 포기 모드로 돌입해버린 나는 대체 뭔지 모르겠다. 실은 지금 난 희망을 보고 싶어, 바로 이 글이 그 증거라고 믿고 싶어. 소녀 같은 감수성과 매끄러운 글의 흐름, 사계절에 대한 예리한 관찰과 인생에의 적절한 비유, 종교관 등 어디에도 천박하거나 부자연스러운 데가 없어. 감수성에 관해서는 이 한 문장으로 충분해. '모두를 비워낸 깃털처럼 가벼운 걸음으로 파란 하늘과 코스모스 펼쳐진 저 언덕을 걷고 싶다.' 순백의 자유로운 영혼이 떠오르지 않아? 절제된 표현들은 내 상상력을 자극해. '오월의 철쭉꽃 언덕'이라는 표현을 봐. 나 같으면 아마 이렇게 썼을 거야. '오월 어느 날, 철쭉꽃이 활짝 핀 언덕에서' 라고. 절제된 표현이 더욱 명료하고 아름답다는 것을 입증하고 있어. 신록이 '야들' 하다는 표현도 상큼해. 전체적으로 수식어가 많지만, 의미전달이 분명하고 아름다우며 사색적이지. 내용에 비하면 오히려 검소한 꾸밈이야. 단 한군데, 자신이 여름바다를 싫어하는 이유에 대해서는 꾸밈없는 해명을 했어. 자신 없는 몸매와 일상을 해치는 뜨거움 때문이라고. 힘들었던 여름에 채찍을 가하더군. 인간적이잖아? 의도한 것은 아니겠지만 '계절의 형평성' 을 말할 땐 나도 덩달아 여름이 미워지고 가을에의 연민이 들더군.

짧은 이 글에는 작가의 인생관이 짙게 배어 있어. 봄, 여름, 가을, 겨울은 곧 인생의 사계절이야. 작가는 사계절 모두를 받아들이고 사랑하지. 그런데 그 뜨겁고 미웠던 여름철에 대한 속감정이 흥미로워. 이 글의 관전 포인트야. 이런저런 핑계로 여름을 부정하면서도 그 혹독했던 여름날을 가장 많이 회상하고 있어. 제목에서 작가는 자신이 가을과 사랑에 빠졌다고 하나 실은 지난 여름철과 사랑에 빠졌다고 보는 게 맞아. "증오하므로 사랑하노라." 아주 역설적이지. 이 글의 중요한 출발점이기도 해. 작가는 열심히 산 거야.

'예기치 않는 낭떠러지를 만나' 로 시작되는 문장은 힘들었던 시간에 대한 짧은 회상이지만 누구나 한 번쯤 겪음 직한 자신의 인생 고난을 사계절에 투영해 보도록 유인하는 것 같아. 나의 인생 사계절은 어떤 것이었을까 하고 말이야. 가을을 바라보는 작가의 그윽한 시선이 느껴지는군. 가을바람에 나부끼는 억새들의 몸짓마저 작가에겐 고독이 아니라 사랑이지.

중요한 것은 작가가 지금 가을 들녘에 서 있다는 거야. 이 상큼한 가을은 작가의 자유로운 영혼이며 바로 작가 자신이야. 최선을 다했으므로 아무런 거리낌이 없고 입안 가득히 행복의 열매를 맛보고 있어. 이 글에는 없지만 멋지게 성장한 자식들 뒷바라지와 대갓집 종부로서 소임을 다하며 얻은 결실인 듯해. 작가는 지금 가장 행복한 시간을 보내는 중이야. 너무나 부러워 조금은 얄미울 정도지. 하지만 겨울은 누구에게나 찾아오는 것이고 누구나 그걸 알고 있는데, 어떡하니, 작가에게도 곧 겨울은 닥칠 거고. 종교는 숭고하지만, 괜히 슬퍼진다.

나의 지루한 해설과 칭찬에도 아내는 아무런 말없이 고개만 끄덕였다.

"근데 이 글 자주 읽고 외우면 다음부터는 내 글이 아련해질까?"

"하나 가지고 되겠어? 백 개 정도는 외워야지."

"잘 외워지질 않아."

"우리 시합할까?

"무슨 시합"

"이 글 누가 먼저 외우나 시합."

"그럴까?"

나는 더욱 사랑스럽게 느껴지는 아내를 힘차게 안고 침대로 갔다.

“우리 누워서 외우자.”

중간쯤 읽어 내려갔을까. 높이 쳐든 수필메모지가 점점 아래로 내려와 아내의 눈꺼풀을 덮었다. 그날 나와 아내의 마음속엔 예쁘고 고마운 수필 하나가 들어와 있었다.

나보다 더 나은 반쪽

남편은 매사를 장악하려는 성격이 아주 강하다. 몸이 약한 나를 도와주려는 좋은 뜻으로 받아들이지만, 집안일 대부분도 당신 주도하에 처리하려 애쓰는 그의 앞에서는 항상 주도권을 빼앗긴다. 은퇴 후, 이제는 자연스럽게 주방까지 넘나들려는 남편에게 에둘러 영역 침범을 막지만, 홀로서기 연습이라며 농담 비슷하게 방어전을 펼친다.

남편은 지인들로부터 종종 주례청탁을 받는다. 우리 부부가 서로 존중하며 보기 좋게 사는 모습을 인정해 주어 흐뭇하고, 무엇보다 남편의 주관과 올곧은 성품을 좋게 평가해 주는 것 같아 기쁘다. 다행히 아이들 모두가 원하는 대학을 나와 각자의 위치에서 부모 걱정시키지 않고 바르게 사는 모습도 한몫을 했으리라.

귀한 자녀들의 혼사에 주례를 맡겨 주시는 그분들께 오히려 감사한 마음마저 든다. 젊은 부부의 새 출발을 위한 남편의 주례사에는 늘 '베타 하프(better half)'를 인용하여 강조한다. 서양에서는, '일생의 친구', '반려자' 그리고 아내를 좋은 뜻으로 말할 때 쓴다는데, 남편은 우리말로 '더 나은 반쪽'이라고 해석하며 의미에 한층 깊이를 더한다.

처음 주례를 맡던 날, 준비한 주례사의 그 의미를 조심스럽게 물었다. '배우자는 나보다 더 나은 아내이고, 나보다 더 나은 남편이니, 부족한 자신을 겸손한 마음으로 상대에게서 찾아, 더욱 보완하여 완성된 하나의 삶으로 채워가라.'라는 뜻이라 했다. 서로 존중하며 아껴주고 사랑하라는 깊은 생각이 오롯이 담겨난다. '당신도 내가 더 나은 반쪽이라고 생각하느냐?' 물었더니, 슬며시 웃음으로만 답을 대신한다.

나는 부족함이 많은 사람이다. 남편은 '나보다 더 나은 반쪽'이 아니라 '여러모로 훨씬 뛰어난 사람'이라고 항시 느끼며 살아간다. 부부 사이에서 힘으로만 군림하고 자기 생각만 내세워 지배하려는 것은 신뢰나 존경심은 고사하고 오히려 미움과 원망으로만 쌓여 갈 뿐이다. 남편은 늘 미덥지 못한 듯 나를 대해 온 것 같지만, 나의 역량을 한층 높게 인정해주고 항상 격려하는 깊은 속마음을 보일 때가 많다.

주례를 서고 오는 날이면 으레 말없이 내 손을 꼬–옥 잡아준다. 초심을 잃지 않으려고 마음을 다잡는 모습의 표현이다. 요즘 모임에 가면, 몇십 년 동안 가족들 뒷바라지에 지친 여인들의 푸념이 역설적인 '삼식三食이'라는 우스갯소리로 엮여 회자한다. 바깥출입도 잘 안 하고 매일같이 세끼 밥을 꼬박꼬박 바치도록 하는, 은퇴 후의 남편들을 두고 만담적으로 꾸민 말이다.

자녀들을 모두 출가시키고 나니, 이제 부엌살림에서 해방되고 싶은 주부들의 심정을 은유적으로 표현한 것이다. 깔깔거리며 이야기를 섞었지만, 당연한 남편의 세끼 밥 차림에도 인색해져 가는 여인들의 마음이나, 추락해 가는 남편들의 권위와 처지가 왠지 씁쓸하고 미안한 마음마저 든다.

'남편의 잔소리, 아내의 잔소리'를 주제로 한 예능 토크 쇼를 시청하던 남편이 넌지시 말을 건넸다.

"당신은 나에게 잔소리를 안 하는 것 같아. 참 현명한 여자야."

"당신이 매사를 잘 알아서 판단하고 나보다 훨씬 바르게 행동하는데 내 잔소리가 왜 필요해요? 내가 항상 부족하니 오히려 당신 잔소리를 들어야 할 터인데…."

오랜만에 드러내는 남편의 직설적인 칭찬이 싫지만은 않았다.

진리 외에 세상의 모든 것들은 다 변하기 마련이다. 그렇지만, 우리 부부의 '베타 하프' 의미는 진리처럼 변질되지 않기를 바란다. 그저 나의 반쪽이 지금처럼 건강하고 활기찬 모습의 '삼식이'로 오래오래 내 곁에 남아 주길 바랄 뿐이다.

제4부

평범한 일상이 행복이란다

신춘문예 단상

따스한 햇볕에 눈이 녹아 물기로 촉촉한 아스팔트 길이 성급하게 봄기운을 느끼고 싶은 내 마음 같다. 저마다 의미를 담아 요란스럽게 새해를 맞던 을미년 첫날도 벌써 닷새나 흘러가 버렸다. 이맘때면 각 신문사의 신춘문예 당선작에 관한 뒷이야기로 문학인들의 관심이 오간다. 그 정상 가까이에 오르다 만, 문우들의 근황이 수런거리며 메일로 쏟아진다.

신춘문예 당선의 꿈은, 우뚝 선 한 사람을 제외하고는 모두가 허탈한 도전으로 끝나고 만다. 극소수 심사위원의 평가로 유일한 당선자가 결정되기 때문이다. 오직 한 사람만의 영광을 위한 잔치 같다.

해마다 당선작은 공통점을 가진다. 복합적인 내면의 세계를 높은 차원의 시각으로 통찰하여 사유화한 숙련된 문장을 우선한다. 또 구체적 사건과 사물을 형상화하고 의미화하여 일상과 대입해 나가는 글이 많다.

당선작 후보에 오른 우수한 작품들은 그런 조건에 모자람이 없지만, 단 하나뿐인 자리에 선택되기란 여간 어려운 일이 아니다. 타당한 평가 관점에 따른다 해도 사람마다 얼굴이 다르고 색깔이 다르듯, 심사하는 분들의 문학적 관점이나 사상이나 가치관도 조금씩은 다를 것이다.

왜 그리 그것에 매달리고 있는 것일까 싶지만, 글을 쓰는 사람들이라면 크고 작은 가슴속 불씨를 안고 한 번쯤은 그런 정상에 우뚝 서보고 싶은 꿈을 꾸지 않을 수 없다. 내 마음속 불꽃을 드러내어 고급 독자로부터 객관적으로 실력을 인정받고 제 위치를 드러내 보이고 싶은 욕망에서다. 그래서 숙성되지 않은 글을 가지고도 성급하고 무모한 도전을 불사한다.

모두가 그러한 야망과 기대를 안고 숨을 죽이며 분투했을 수많은 글, 이번에도 여러 해 같은 탈락의 길을 걸으면서도 미련을 버리지 못하고 그 문턱에서 또 서성이는 이들을 본다. 메일을 통해 탈락한 심정을 솔직히 토로한 어느 마음의 상처를 한 편 읽었다. 당선을 잔뜩 기대했던 그 솔직함은 어찌 보면 당돌

할 정도로 자신의 가능성을 믿었던 당당함이었고 무서우리만치 열정적인 도전이었다. 고지에서 탈락한 글이라 해도 자기 글에 대한 애정은 당선작과 견주어 한 치의 모자람을 인정하고 싶지 않은 자존감이다.

신춘문예는 또 다른 특성을 가진 글 마당이라며 그 당선만이 문학의 절대가치가 아니라던 어느 평론가의 위로는, 위로로서 그친다. 유일하고 독보적인 수상은 역시 자랑스럽고 기분 좋은 일 아닌가.

나 자신의 글을 객관적으로 보지 못하고 미숙함을 깨닫지 못한 채 턱없이 성급했던 발 내디딤. 설익은 감을 베어 문 입맛처럼 몹시 떨떠름하다. 그와 또 보이지 않는 동병상련의 수많은 이들을 보며 위장한 상처를 다독인다.

번뜩이는 창작력으로 무장한 풋풋한 젊은 문학도들. 농익은 삶의 지혜와 무한한 자기 숙련으로 다져진 경륜이 쌓인 문장가들. 무수한 그 별들이 밤하늘에서 저렇게 빛나고 있다.

저 어느 곳에 내 별 하나쯤 떠 있었으면 좋으련만 바늘귀에 내 낙타를 들여보낼 일은 요원한 일이기만 할까. 글쓰기에 미치지 않고서야 답은 없으리라. 책에 미치고 습작에 미치고 세월에 담금질로 미쳐야 한다.

그러나 저 하늘에 내 별 하나 오르지 못한다 해도 또 어떠리.

밤하늘을 우러르며 빛나지 못한 내 글에 내가 빠져 지내는 것도 의미 있고 행복한 일인 것을.

겨울 방학을 맞은 손자 이결이와 이협이, 유치원생인 외손녀 담은이가 몇 날째 내 일상을 묶어두더니 스마트 폰의 사진방에 사랑의 흔적만 남기고 모두 제 자리로 떠나갔다. 나는 다시 내 시간 앞에 돌아와 특별하지 않은 자유롭고 호젓한 일상을 맞는다.

정적을 깨듯 이따금 스마트폰의 카톡 음이 울린다. 아마도 딸들과 며느리가 제 자식들의 재롱을 앞세워 또 다른 사랑의 여운으로 새해 인사를 날린 것 같다. 모처럼 아이들이 가고 없는 조용한 시간, 책 속에 묻혀 잠시 잡다한 생각을 잊고 싶다.

내 옆에 누운 남자

농담처럼 남자 친구 하나 소개해 달라던 선배가 어딘가 달라진 얼굴로 내 앞에 나타났다. 딱 꼬집어 말할 수 없지만, 입가의 탄력이나 눈매가 훨씬 부드러운 인상으로 전보다 몇 년은 젊어 보였다. 그녀의 달라진 얼굴에 궁금한 눈빛을 건네자, 선배는 무슨 비밀스러운 이야기라도 털어놓을 듯 내 손을 잡아끌고 한쪽 구석으로 갔다.

"나 얼굴 달라졌지? 맞춰 봐."

"보톡스 맞았어요?"

"아냐, 자가 지방 이식했어. 나이 드니까 눈두덩이 꺼져서 훨씬 더 늙어 보이잖아. 어때, 괜찮지?"

사랑하면 예뻐진다는데, 긍정의 대답을 채근하던 선배는 지금 사랑하는 사람을 만난 걸까? 아니면 사랑할 사람을 찾을 준비를 하는 걸까? 숨기고 싶을 성형 이야기를 내게 털어놓는 선배가 더 가깝게 느껴졌다.

성형 결과에 이미 만족하고 있던 그녀는 훨씬 젊어 보인다는 내 평가에 고무되어, 한 살이라도 젊었을 때 생각해 보라며 그 특유의 자신감 넘치는 단호한 어조로 나에게 성형을 권유했다. 재치가 넘치는 선배의 말투는 빠르고 힘이 있고 결단력이 있다. 웬만한 것은 잘 드러내지 않으려는 비밀스러운 나에 비해 솔직하고 화통한 선배의 그 성격대로다.

늘어진 입가의 주름을 귀밑으로 당기며, '꺼진 눈과 팔자 주름만 고쳐도 십 년은 젊어 보일 텐데.'라는 여자의 미적 욕구 본능이 자꾸 고개를 든다. 그렇지만 내 얼굴은 남편의 것이 된 지 오래다. 게다가 선배의 자유로운 결단을 부러워하면서도 얼굴에 손대기를 주저하는 것은, 행여 울퉁불퉁 표정 없는 얼굴로 더 추한 꼴이 되지나 않을까 하는 걱정 때문이기도 하다.

공개적으로도 장난기를 섞어 외롭다는 속내를 내비치며 좋은 남자 친구를 만나고 싶다던 선배는, 두 해 전까지만 해도 남편과 갑작스러운 이별은 상상도 못 했던 일이다. 그녀와 남편은 성실 하나로 꽤 많은 고객을 확보하며 십여 년 동안 요식

사업을 해 왔다. 장보기에서부터 배달까지 자상하고 듬직했던 남편이었다.

"얼마 전, 어떤 사람과 대금결제 과정에서 시비가 붙었는데 막무가내야. 내가 손해 보고 말자며 돈을 포기하고 나니, 너무도 억울하고 서러워 한바탕 울었지. 남편이 있었으면 그냥 두었겠어?"

속이 상해서 그날 가게 문을 닫고 친구들 불러내어 노래방에서 실컷 스트레스를 풀었다던 선배의 노래는 남편을 그리는 절규였을 것이다. 선배의 온몸에서 남편을 향한 끈끈한 정을 잊지 못하고 있음을 쉽게 느낄 수 있었다. 오늘 유난히 외로워 보이던 그녀는 이 장사도 이제 더 못 하겠다며 어떤 결단을 내릴 듯했다.

선배와 나는 일 년 사이로 칠십을 바라보고 있다. 혼자 살면 편하고 좋을 텐데 그 나이에 구차하게 무슨 애인을 만드느냐며 남자 무용론을 자신 있게 뒷담 하던 사람도 있었다. 그러나 선배의 외로움은 꼭 잠자리를 원하는 외로움이 아니라는 생각을 한다. 하늘나라로 간 남편의 얼굴을 단 한 번만이라도 다시 볼 수 있고, 그의 품을 느낄 수 있다면 밤마다 이어지는 남편의 빈자리 때문에 눈물짓지는 않을 것이다. 다시는 만날 수 없다는 절박함, 그래서 더 보고 싶은 그리움 때문일 것이다.

그녀가 이성 친구를 원하는 간절하고 애절한 외로움을 내가, 또 그들이 얼마나 이해할 수 있을까. 사랑했던 만큼 그리움도 크고 그리운 만큼 외로움이 컸을 법. 못 견디게 그리운 정이 이성 친구를 만들고 싶다는 솔직하고 진실한 이유가 되어 버렸는지도 모른다.

자기 관점으로만 치닫는 남편을 보면서 어느 때는 이 남자와는 절대 더는 못 살 것 같다는 마음이었다가도 금방 쓸개 빠진 여자로 돌아가는 것은, 살을 맞대며 쌓은 정과 신뢰가 바탕이 된 남편의 훈김이 있었기 때문이다. 기쁜 일도 같이 나눌 배우자가 없다면 아무 의미가 없다는 그의 말은 진리다.

침대 가득 넓적한 등을 내게 보이며 남편이 깊은 잠에 빠져 있다. 늘 내 곁을 지키는 남자다. 물끄러미 바라보며 텅 빈 침대의 반쪽을 상상해 본다. '하루 이틀 잠깐의 빈자리가 아닌, 이대로 영원한 이별의 공간이라면….' 와락 남편의 어깨를 돌려 나의 얼굴을 묻는다. 잠결에 어리둥절한 남편이, 늘 무덤덤하며 피동적이던 나의 돌발적인 행동을 의아해하면서도 싫지 않은 표정이다.

서럽고 그리울 남편의 빈자리는 상상하기도 싫다. 남편이 누워 있어 그득한 자리. 남편이 늘 내 곁에 있어 활기찬 나. 이 남자만 있다면 무슨 일이라도 할 듯 가슴 벅찼던 처음 마음을 떠올린다. 누구도 대신할 수 없는 이 자리. 익은 세월 속에서 무신경했던 나를 돌아본다.

남편의 소중한 그늘을 새삼 깨닫게 해 준 선배에게 새해엔 진실한 남자 친구가 꼭 생기기를 바란다.

– 『에세이스트』 2015. 신인상 수상작

신인문학상 심사평

신인답지 않은 대단한 필력을 갖췄다.

내가 대단하다고 하는 이유는

필력이 있다는 신인들이란

대개 장식적인 문장을 주렁주렁 매달고 있기 십상인데

그녀의 문장이 그걸 깔끔히 벗어나 있기 때문이다.

신인상 심사평

김덕남의 「내 옆에 누운 남자」

문장력이라는 게 얼마나 많은 장식적인 문장을 만들어 낼 줄 아는 것으로 오해 되는 것 같은 게 수필계의 현실이다. 유감스럽게도 수필의 신춘문예나 공모전의 당선작들이 아직까지도 장식성 문장에서 완전히 벗어나지 못한 실정이다. 장식성을 버린 문장을 쓴다는 게 이 작가의 타고 난 성품 때문일까, 아니면 오랜 독서 경험과 글쓰기의 결과일까? 난 갑자기 이게 성품으로도 가능할 것 같은 기분이 들었다. 이 작가를 몇 주 전, 전주에서 직접 뵌 적이 있었다.

인간 경영이라는 말이 있다. 기업을 운영하듯 인간을 운영한다는 말일 것인데, 내일모레 칠십을 바라보는 부부가 아직도 그리워 옆에 누운 남편의 가슴을 파고든다니 이보다 더 성공적인 부부 경영이 있을까. 남편이 오죽 잘하면 그럴 거냐고? 그러기도 할 것이다. 그러나 사랑이 사랑스러운 게 애당초 있어 사랑할 수밖에 없는 피동적인 것이 아니라, 사랑을 느낄 줄 아는 능동적인 능력이라는 것이 맞는 말일진대, 이건 전적으로 가슴을 파고드는 자의 능력인 것이다.

이 글을 얼핏 읽으면 남편과 사별하고 새로운 사랑을 찾는 어떤 선배의 이야기로 읽힐 수도 있다. 이 작가는 이미 이렇게 자기의 속내를 감출 줄 아는 능력을 갖췄나. 문학에서 스토리텔링이란 바로 목표물을 향해서 돌진하는 게 아니라, 목표물 앞에서 서성거릴 줄 아는 인내력이다. 목표점은 이미 정해져 있었다. 거기에 이르기 전의 서성거림이라면 사실 어떤 것도 괜찮다. 굳이 선배의 이야기 때문에 이런 행동이 나온 게 아니라는 것.

> 침대 가득 넓적한 등을 내게 보이며 남편이 깊은 잠에 빠져있다.(중략) 물끄러미 바라보며 텅 빈 침대의 반쪽을 상상해 본다. '하루 이틀 잠깐의 빈자리가 아닌 이대로 영원한 이별의 공간이라면… '와락 남편의 어깨를 돌려 나의 얼굴을 묻는다. (중략) 서럽고 그리울 남편의 빈자리는 상상하기도 싫다. (중

략) 이 남자만 있다면 무슨 일이라도 할 듯 가슴 벅찼던 처음 마음을 떠올린다. 누구도 대신할 수 없는 이 자리. 익은 세월 속에서 무신경했던 나를 돌아본다. (글의 결미)

어느 날 잠자고 있는 남편을 내려보다가 가슴이 욱해지며 남편의 가슴에 파고드는 돌발적인 행동이 일어났다. 마치 간밤의 꿈에 남편이 멀리 떠나기라도 한 듯 남편의 가슴팍에서 슬피 울 수도 있을 것이다. 그걸 설명하려는데 선배의 이야기가 딱 알맞았을 뿐이다. 난 지금 의식적으로 이래서 이렇게 해서 이렇게 되었다는 필연적인 인과성을 부정하려고 하는 것이다. 수필이 보다 고급화된 문학이 되기 위해서는 한 결과를 만들어 낸 원인을 하나로 국한시키지 말고 복합적인 원인으로 어쩔 수 없다면 그 중에 굳이 하나를 말한다는 식이어야 한다는 것이다. 어쩌면 이 작가라면 그걸 할 수 있을 것 같다. 많은 기대를 품는다.

— 심사위원 : 평론가 김종완(에세이스트 발행인)

가을 붉은 숲에 빠져

구천동은 토끼와 발맞추며 산다는 인적 드문 두메산골이다. 그러나 관광객의 끊임없는 발길로 옛말이 된 지 오래다. 그래도 구천동은 아직 반딧불이가 사는 천혜의 청정지역임이 틀림없는 곳이다.

30여 년 전 여름, 지인 부부와 지프를 타고 다듬어지지 않은 자갈길을 터덜거리며 한참을 달려 구천동의 숲길을 다녀온 기억이 있다. 보슬비가 내리던 사찰 입구에서 올려다본 백련사 대웅전은 운무에 휘감긴 산수화를 보듯, 장엄하고 신비한 모습으로 나에게 깊은 인상을 남겼던 곳이다.

열두 집 부부의 무주구천동 가을 나들이가 있는 오늘. 지인의 아들 혼사로 남편이 서울을 가고 없는 나는 외짝 행보다. 무주구천동의 비경에 탄성이 절로 터진다. 젊은 날에는 느끼지 못했던 자연의 아름다움이 경이롭기까지 하다.

죽 늘어선 가게마다 무더기로 쌓아놓은 말린 나물과 약초들은 아쉽게도 내 비각을 홀리지 못한 것으로 미루어 국내산으로 위장된 것인 듯하다. 이곳에서마저 토종을 만나기가 어렵다는 것이리라. 하지만 오늘 점심의 찬은, 내가 구천동의 청정한 바람과 햇빛 속에 있다는 것만으로도 이미 내게는 무공해 향토 산채의 별미로 다가왔다.

회원들이 노래를 부르러 지하방으로 내려간 사이, 계곡의 숲길을 홀로 걷는다. 숲의 나뭇가지들은 오색으로 물든 단풍잎을 제 몸에 휘감고 그림처럼 아름다운 선으로 쭉쭉 뻗어 있다. 점심에 마신 동동주 한잔의 취기가 흥을 더하는지, 부드럽게 다져진 고운 흙길 위의 내 발걸음이 춤추듯 한다.

일상에서 무뎌진 나의 감성이 가을바람을 맞으며 자유로운 사색에 어느덧 열아홉 처녀의 순수함으로 깨어난다. 두 팔을 치켜들어 숲 사이로 난 작은 하늘을 우러르며 깊고 행복한 숨을 들이켠다. 짙은 녹음을 뚫고 살랑대던 나뭇잎 사이로 얼굴을 내밀던 햇살을, 계곡의 물은 새색시 얼굴로 반기며 반짝인다.

노랑과 초록, 그리고 갈색 잎들이 맑고 투명한 빛깔로 어우러져 빨강, 주황 잎들을 따라 단풍 터널을 이뤘다. 아름다움을 다투듯 길게 늘어선 오색 향연 속에서도 강렬하게 내 눈길과 마음을 사로잡는 것이 따로 있었다. 적당한 물기를 머금고 고혹적인 까만 색깔을 입은 나무 둥치와 세련되게 뻗어 나간 가지들이 황홀한 색색의 단풍잎 사이에서 신비스러운 분위기를 연출하고 있다.

아, '모네'의 빛으로도 칠할 수 없는 이 경이로운 자연의 색채여! 이곳이 바로 에덴의 천국 아닐까. 늦가을 단풍 숲에서는 어느 것 하나 어색한 그림을 찾아볼 수가 없다. 내려오는 숲길로 군데군데 늘어앉은 더덕 무더기의 행상들이 많다. 부인들의 손에는 덤까지 챙긴 가득한 비닐봉지가 모두 하나둘 들려 있다. 그러나 여기서도 더덕 본래의 그 특별한 냄새를 맡을 수 없어 아쉽다.

요즘 방송을 타고 명약으로 부상한 개똥쑥 앞에 내 발길이 멈춘다. '건강에 좋다.' '항암에 특효다.' 하면 너나없이 마음을 빼앗기기 마련이다. 국내산이 아니라는 손짓으로 친절하게 나의 구매를 말리지만, 이곳까지 와서 빈손으로 가는 건 멋없는 일 아니겠는가.

새로 난 길로 안국사를 오르는데 가을 먼지를 씻어내는 부슬비가 곱게 내린다. 비켜 가기도 어려운 굽이굽이 오르막길을 곡예하듯 오른 버스가 중턱에서 우리를 내리게 했다. 오색 단풍이 흩날리는 물보라 뿌연 숲길로 영화 속 주인공이라도 된 듯 흠뻑 감상에 젖어 걷는다. 교통수단이 없던 시절, 고행을 자처하며 매일같이 이 산길을 걸어 올랐을 스님들 생각에 잠시 숙연해진다.

안국사 내력을 안내하는 경내의 표지판 앞에 몇몇이 진지하게 서 있다. 그러나 그것은 오늘 나에게는 그리 중요하지 않다. 이 가을 단풍 숲에 내가 함께 있다는 것만으로 기쁘고, 아직은 나의 가을이 남아있음에 감사할 뿐이다.

구천동에서 가져온 가시오가피를 씻어 고운 볕을 쬔다. 아직도 식지 않은 내 안의 단풍 열기가 붉은빛으로 채반 위로 쏟아진다.

항상 서툰 인사말

"어디 가세요?"

엘리베이터 앞에서 모처럼 마주친 이웃집 여자가 눈을 똥그랗게 뜨고 반갑다는 듯이 인사를 건넸다.

"네, 저-기요."

나는 우물쭈물하다 건성으로 대답했다. 돈을 찾으러 은행에 간다는 사적인 일까지 그녀에게 이야기해 주어야 할 필요가 없었기 때문이다.

"아, 네-."

무성의하고 애매한 대답에도 충분히 알았다는 듯 미소 지으며 제 갈 길을 갔다. 그녀와 나는 서로 아무 소득도 없는 허망한 물음과 대답을 주고받았다. 그녀 역시 나에게서 분명하고 명확한 대답을 들으려 했던 것은 아니다. 그저 습관적이고 의례적인 인사치레에 불과했다.

우리가 하는 '안녕하세요?' 라는 인사말은 전쟁이 잦았던 우리의 역사 속에 밤새 아무 변고 없이 잘 자고 일어났느냐는 뜻의 애환이 섞인 의식적 안부 인사다. 어린 시절, 어른들을 보면 '진지 잡수셨어요?' 라는 인사말을 많이 썼는데 그 말에도 애환의 의미가 담겼지만, 꼭 식사 했느냐는 물음보다는 친근감에서 통용되어오던 인사말이다.

우리가 주고받는 인사말 중에는 이같이 통념적인 인사의 경우가 참 많다. 그런데 '어디 가느냐?' 라는 인사말은 친근감보다는 오히려 거부감을 느끼게 할 때가 많다. 왜냐하면, 그 인사를 받고 '굳이 개인적인 행보까지 답을 해야 하나 말아야 하나?' 잠시 고민이 되기 때문이다. 그러다가 대충 성의 없이 얼버무림을 할 때가 있다.

'어디 가세요?' 보다는 '옷이 잘 어울려요.', '인상이 참 좋으세요.' 등 가볍고 현실적인 인사를 해 주면 참 좋을 텐데, 굳이 타인의 사생활을 궁금해하거나 참견하고 싶어 하는 인사말을 우리 세대는 자주 쓴다. 계산이 빠한 도시 깍쟁이보다 정이 넘치는 순수한 시골 아낙들일수록 더 그렇다. 재치 있고 경위

바른 젊은 세대들은 그런 일이 적은 편이다. 정말 궁금하여 가는 곳을 확인해 보고 싶은 경우가 아니라면, 타인의 목적지까지를 묻는 사생활 침해적인 그런 인사말은 하지 않아야 한다고 생각한다.

서구 문화가 많이 접목되는 요즈음 '좋은 아침입니다.' '반가워요.' 등 밝고 경쾌한 인사가 자연스럽게 오간다. 그런데 간혹 소비자 서비스 차원에서 아리따운 여인이나 멋스러운 남자가 느닷없이 '사랑합니다.'라는 닭살 돋는 인사말로 우리를 당황스럽게 하기도 한다. 이는 공공 기관과 통화를 했을 때 "사랑합니다."라는 인사말을 받고 무척 쑥스러웠는데, 이제 그 인사말이 상점까지, 심지어 우리 교회 신부님과 신자 상호 간의 인사로까지 발전되어 매우 익숙해졌다.

우리 일상에서 이렇게 습관화되지 못해 어색했던 인사말도, 생활화되면 의식이 바뀌고 그 의미가 더욱 정감 있게 다가올 것이다.

며칠 전 은행에 갔을 때였다. 촌로가 들어와 번호표를 뽑아 들더니 소파에 앉아 있던 비슷한 또래의 남자 노인에게 반갑게 인사를 건넸다.

"어이, 자네 여긴 어쩐 일인가?"

은행에 무슨 일로 왔는지 알고 싶어 묻는 말은 아니라는 것

을 안 그 노인도

"응, 그냥 왔네."

하며 허망한 답변을 건넸다. 진정으로 궁금해 알고 싶었다면, 그런 대답으로 충분했을까?

"언제 밥이나 한번 먹세."

인사를 건넸던 노인은 또 부질없는 기약의 인사를 던진 뒤, 무관심하게 뒤도 돌아보지 않은 채 나가 버렸다.

그날 은행에서 돌아오는 길에 아랫집 처녀와 마주쳤다.

"유정 씨, 어디 가?"

"네. 안녕하세요?"

내가 묻는 인사말에 아랑곳없는 인사를 하고 해맑게 웃고 뛰어갔다. 돌아서서 생각하니, 나 또한 무엇 때문에 남의 목적지를 궁금한 것처럼 물어봤을까? '안녕!' 또는 '잘 지냈어?' 라는 적절한 인사말도 있었을 텐데 말이다.

인사말은 인간관계를 원활하게 만들고 사회생활을 원만하게 영위하는 데 필요하다. 따라서 인사말의 기본은 길이와 관계없이 상대방에게 호감을 주고 상대를 배려하고 존중하는 마음이 담겨 있어야 한다. 그런 인사말들은 무엇일까? 항상 서툴다.

– 전북일보 「금요수필」 게재 2017. 6. 23.

올해도 가로수 은행나무는

가로수 은행나무가 다닥다닥 열매를 맺고 만삭의 몸으로 가지를 축 늘어뜨렸다. 바람이 빠르게 지날 때마다 은행은 양철지붕 때리는 빗소리를 내며 우두두둑 옹골지게 떨어진다.

여러 발길에 뭉개진 은행들이 여기저기 길바닥을 누렇게 어지럽혔다. 젊은 여인 하나가 은행 껍질을 밟고 언제 난처한 일이라도 당했는지 징검다리 건너듯 조심스럽게 비켜 간다. 거리를 지나는 그 누구도 떨어진 은행에 관심을 두지 않는다.

고약한 냄새만 아니라면 모두 주워 담고 싶은데, 아파트에서 처리할 자신이 없으니 길바닥에 널브러진 은행들을 그저 바라보며 아까워할 뿐이다. 공해에 전 것을 누가 주워 가겠느냐며 내 안타까움에 답하던 아저씨는 시골 천지가 은행나무라 했다.

병충해에 강하고 도심의 탁한 대기에서도 잘 사는 나무라서 이곳저곳의 가로수는 은행나무로 즐비하다. 싹튼 지 20년 정도가 지나야 열매를 맺기 시작한다는 도도한 은행나무다. 가을이 깊어지면 노란 잎이 장관을 이루는 아름다운 나무인데, 가로수도 이제는 모두 수나무로 대체해야 할 성싶다.

문짝도 없는 시골 작은집 뒷간에서 할아버지는 장대에 묶은 바가지로 곰삭아 평온하던 분뇨 막을 휘젓고 천지에 구린내를 진동시키며 가끔 거름을 내셨다. 입안 가득 고이던 냄새를 토해내느라 수없이 침을 뱉던 불쾌한 그 냄새가 은행알 곪는 냄새와 똑 닮았다. 그 귀한 열매가 하필 불쾌한 뒷간의 냄새를 닮아 고약한 냄새나 풍기며 이렇듯 길바닥에 깔려 환영받지 못하다니.

불에 구운 은행은 반질반질한 옥빛으로 말랑말랑하게 씹히는 그 맛이 아주 일품이다. 이렇게 맛좋은 은행인데 껍질 냄새는 왜 그렇게 고약한 건지, 진흙에서 연꽃이 피듯, 역한 과정을 겪고서야 귀하게 쓰인다는 고행의 진리를 일깨워 주기라도 하려는 것일까?

긴 곰방대에 연초를 비벼 넣고 빠끔거리며 자주 담배를 피우시던 할머니는, 노상 왕개구리 울음 같은 가래 끓는 소리를 내셨다. 날마다 어머니는 은행을 구워 할머니께 드리면서 나에게도 몇 알씩 주시곤 했다. 맑은 연둣빛 은행알은 색도 예뻤지만 맛이 참 좋았다. 더 먹기를 욕심내던 나에게 오줌싸개들이나 먹는 거라며 말리셨다. 은행이 천식으로 돌아가신 할머니의 가래를 삭이는 약으로 쓰였지만, 청산가리 독성을 염려하셨다.

설날이면 어머니는 하얀 떡국에 노란 달걀지단과 파릇한 대파, 검은 김 가루와 편육 등 오방색의 고명 위에 옥빛 은행을 꼭 올려 놋그릇에 담아내셨다. 맑고 특별한 초록빛 은행알은 맛깔스러움을 더하며 마음을 빼앗았다.

셋째 이모가 시집가던 날, 어머니는 울긋불긋한 셀로판지를 여러 가닥으로 오려 가느다란 나무 꼬치에 달고 옥빛 은행을 알알이 끼웠다. 은행 꼬치가 올라간 잔칫상은 화려하고 예뻤다. 손님들이 물린 잔칫상에 나를 비롯한 친척 꼬마들은 우르르 달려들어 은행 꼬치를 집어가느라 정신없었다.

깊어가는 가을날, 가로수 은행나무는 황금빛으로 뒤덮고 거리를 온통 시인의 세상으로 만들었다. 은행알을 피해 가던 매정한 발길들조차, 가슴 한구석 채워지지 않던 빈 마음으로 은행나무 아래에서 서성였다. 가로수 은행나무는 자신의 분신에 모처럼 관심을 보이던 감성들로부터 그나마 작은 위로의 보상을 받는 듯했다.

종속 유지 본능마저 부질없는 일이 되고만 은행나무는 무상한 세월에 추락한 위상을 잊으려는 듯, 날마다 노란 잎들을 떨구었다.

금속성의 가속도로 바람을 일으키며 자동차들이 가로수 길을 내달린다. 노란 은행잎들은 시간 속으로 무정하게 달음질치는 그들에게 전할 말이라도 있는 듯, 떼를 지어 또르르 구르며 뒤를 따른다.

간절한 손짓에도 매정하게 멀어져만 가던 찻길 위에서 지친 은행잎들이 멈춰 섰다. 또 한 번 상처받고 선 은행잎들을 애처로운 눈빛으로 바라만 보고 있던 가로수 은행나무는 한참을 빈 가지 울음소리만 내고 있었다.

이웃 나라 나들이

공항에서 보낸 마지막 카톡에 나의 비밀스러운 여행을 알아챈 아들딸과 며느리가 몹시 서운해하는 반응이다. 자식들이 주는 용돈은 반갑다. 그러나 어느 돈보다 애잔하여 허투루 쓸 수 없는 게 어미 마음이다. 아빠의 배려를 추켜세우며 자유로운 솔로 여행이 자기들 일인 양 반기며 떠든다.

추락을 전제로 스튜어디스는 구명복 입는 순서를 알린다. 각각 이름을 적어 냉장고를 자리한 찌개와 반찬 통들을, 남편이 최소한의 내 도리를 가상히 여겨 얼마나 성실히 비워 줄지 의문이다. 스마트폰의 전원을 끄고 떠나온 곳의 모든 것을 잊기로 한다.

연기처럼 흩어지는 구름 아래로 검푸른 바다와 숲인 듯 육지가 위성지도처럼 납작 엎드려있다. 작은 창을 통해 비로소 지상에서 아득히 멀어진 내 실체를 느낀다. 벨트에 묶인 2시간 40분의 지루함을 달래려, 면세품 안내 책자를 뒤적이다 아이들처럼 기내식 배당을 반긴다.

육신은 엄청난 무게의 쇳덩이와 함께 기적처럼 하늘에 붕 떠 있어도 과학의 당연함에 묻으면서, 유독 이역만리 전파를 타고 오는 새끼들의 음성에는 유아적인 엉뚱한 신기함에 빠질 때가 종종 있다. 반가움과 그리움이 빚은 근시안적 애착일까.

새내기 대학생을 포함한 다양한 연령층의 여자 여섯과 두 쌍의 60대 부부가 같이하는 '삿포로' 3박 4일의 여정이다. 더위를 피해 떠난 8월 중순, 북해도의 맑고 쾌적한 날씨는 한국의 6월 초순을 연상케 한다.

20여 년 전 '백제 역사의 흔적을 찾아서' 라는 주제로, 중앙 언론사가 주관한 일본 현장답사에서 전국 교사 선발단에 참가한 적이 있었다. 고베, 교토, 벳푸, 나라, 오사카 등 배편을 이용한 단체 숙박 등 일주일간의 여행은 멀미와 강행군으로 제대로 먹지 못했던 고행이었다.

북해도의 대게를 무한정 먹을 수 있다는 것과 음식을 가지고 장난치지 않는, 위생에 철저한 나라라는 믿음이 이번 여행을 이곳으로 선택하게 된 큰 이유였다. 지난해, 일본 '쓰나미' 여파로 방사능 오염에 대한 댓글이 많았지만, 북해도는 제주도처럼 청정지역이다. 또한, 다양한 해산물과 음식 재료가 풍부하고 낙농업 발전으로 신선한 유제품이 많은 곳이다. 집에서는 끓인 물만 받아들이며 생식에 걸핏하면 배탈이 나던 나의 신경성 장은, 가리지 않는 이곳 물에도 간사하게 적응을 잘한다.

동행한 70대 중반의 미망인은 전생에 나와 특별한 연이 있었나 보다. 그녀의 서른세 번째 여행 룸메이트로 엮여, 우리는 밤마다 만리장성을 쌓았다. 있는 돈 자식들 안 주고 해외 구경이나 실컷 하겠다며 여행의 재미에 단단히 중독된 부인이었다.

온천 숙소는 다다미방이었다. 청석동(다가동) 관사의 큰아버지 댁을 떠올리게 하며 유년시절의 향수를 불러일으켜 잠시 뭉클했다. 유카타를 입고 온천탕으로 가는 내 걸음이 게다를 신은 일본 여인의 종종걸음을 저절로 닮아간다. 저녁과 새벽으로 온천욕을 즐기는 내 얼굴이 삶은 달걀처럼 매끈하다.

펄펄 끓는 열기에, 역한 유황 냄새를 풍기던 '지옥 계곡'은 일대를 수많은 온천 촌으로 만들었다. 성별 의식 없이 노천욕을 즐긴다는 그들의 문화가 새롭고 신기하다. 머릿수건을 정갈하게 두르고 미동도 없이 온천탕에 몸을 담갔다 일어나는 현지인들을 본다. 자동 절수 장치된 수도꼭지를 발로 누른 채,

유난히 목소리 크던 중국인과의 사이에서 국격國格과 내 인격을 지키려 노력한다.

멀미와 배탈을 걱정하고 있을 가족에게 보내는 카톡을 호텔에 돌아와서야 일기 쓰듯 전송한다. 로비에서만 터지는 이곳 온천지역의 답답한 와이파이 탓이다.

좁은 도로 때문인지 소형차들이 많다. 오른쪽 좌석의 운전자가 왼쪽 차선으로 달리는 모습은 영국식 운행 승차 제도를 받아들인 탓이라 한다. 나이 든 전속 버스 기사는 승하차할 때마다 연신 고개를 숙이며 우리에게 예를 다했다. 겸소하고 친절하며 남에게 폐를 끼치지 않는 일본인들의 몸에 밴 예절을 곳곳에서 볼 수 있다.

그런데 역사적 잘못에 대한 반성도 없이 독도 영주권까지 억지를 쓰며 아직도 정신 못 차리는 통치자의 망발은, 어느 나라 국민성인지 이중적인 그들의 모습에 혼란스럽다.

'라벤더' 정원과 호수를 보기 위해 '비에이' 로 달리는 고속도로 주변의 산야는 우리나라 경관과 별로 다를 바가 없었다. 북해도는 태풍과 지진에서 비교적 안전한 지역이라지만, 그래도 건물에 벽돌을 쓰지 않은 것은 그 때문이리라.

담도 없는 정갈하고 아담한 주택들이 파스텔 색조로 무척 세련돼 보였다. 치장하지 않아도 젊음은 그 자체로 빛나듯, 일본인들의 수수한 옷차림과 차분한 색채 감각은 그들의 내적 자신감을 보여주는 듯했다.

4만 년 전, 화산 활동으로 생성되었다는 '오타루'의 맑고 투명한 '시코츠' 호수는 엄동설한에도 어는 일이 없단다. 40km 둘레의 거대한 물 항아리를 끼고 달리는 내내 동영상에 담느라 안내자 이야기도 흘려버렸다.

우리네 민속촌 같은 '노보리베츠' 시대 촌에서 에도시대의 무사 극과 기모노 여인들의 신파극을 보았다. 한글과 한자와 영어로 설명된 그 내용을 미리 이해하고 나서 관람하니, 다인종 관객들이 모였어도 동시 웃음을 터뜨린다. 극이 끝나고 미리 나눠준 종이에 백 엔을 싸서 우리도 그 시대에 그랬던 것처럼 무대 위로 던졌다.

북해도 제1의 항구도시였던 '오타루'의 운하는 청어잡이로 유명했던 곳이다. 물류창고의 예전 모습 일부만 남겨두고 모두 메워, 운하는 작은 하천처럼 보였다. 어렸을 적에 보았던 인력거가 다리 위에 즐비하게 서 있고 구릿빛 건각들은 관광객을 부른다.

일본인의 특성을 닮은 작고 아기자기한 오만가지 물건이 나의 눈을 홀리는 유리 공방과 이곳저곳 작은 상자 안에서 천상 음악이 흘러나오는 '오르골' 본당을 들렀다. '메이드인 차이나' 의 복병을 피해 손자 손녀의 선물 준비를 마쳤다.

빵의 부드러움과 특별한 풍미에 오감을 빼앗긴 채 나는 '과자 천국의 거리' 에서 쉬 자리를 뜨지 못했다. 어느 곳을 가나 중국인과 한국인들의 물결이다.

'비에이' 의 대표적 화원인 '호쿠세이' 공원 전망에 올랐다. 작물로 꾸민 그림 같은 페치워크 파노라마 길이 나에게 평안을 준다. 이곳 툭 터진 푸른 잔디 언덕에서 하늘을 향해 우뚝 서 있는 단순한 나무 한 그루를 배경으로 한, 일본 담배 홍보 사진은 유명한 작품이 되어있다. 작가의 영상 연출력은 역시 특출하다는 생각이 들었다.

순천만의 꽃 박물관보다 규모가 훨씬 커 보이는 '후라노' 의 팜토미터 는 북해도를 대표하는 관광명소다. 라벤더 보랏빛 향연과 사방으로 드넓게 펼쳐진 형형색색의 꽃 언덕은 압권이다. 끝이 보이지 않은 무지개 꽃밭을 무대로 우리 일행은 모두 나비가 되었다.

청의 호수라 불리는 '아이오이케' 옥빛 호수에 뽀얀 살결로 쭉 뻗어 오른 자작나무의 아름다운 물그림자를 담느라 카메라들이 분주하다. 덩달아 내 그림 소재의 구도로 여러 컷을 담았다.

무한정 먹을 것 같던 대게의 저녁 만찬도 한계를 느낀다. '삿포로' 중심가 호텔에서 눈처럼 하얀 침대 시트의 꽃잠을 끝으로 손에 물 한 방울 안 묻히던 늙은 신데렐라들은 이제는 현실로 돌아가야 한다.

'삿포로'는 11월부터 4월까지 눈이 많아 눈 축제로 유명한 곳이다. 해마다 눈 축제가 열린다는 이곳 시민의 쉼터 '오도리' 공원의 거대한 시계탑과 북해도 옛 청사 구경을 오전 일정으로 마무리하고 '치토세' 공항으로 향했다.

지난번 일본여행에서 음미해보지 못해 아쉬움으로 남겼던 일본 정통 가락국수를 점심에 맛보기로 했다. 쫄깃한 면발과 특별한 국물 맛에 나도 모르게 두 엄지를 번쩍 치켜세웠다.

관광 여행이란 자연의 풍광만을 즐기기 위한 것은 아니다. 나라와 지방마다 독특한 먹을거리의 풍미도 중요한 부분이다. 양고기 음식의 도전과 북해도의 명물인 대게의 풍족한 시식과 다양한 메뉴의 호텔 식사는 쫓기지 않는 여행을 더 즐겁고 만족스럽게 했다.

다국적 사람들로 붐비는 세계 굴지의 인천국제공항이다. 거대한 규모와 깨끗한 시설, 신속하고 친절한 업무 시스템은 대한민국의 국력을 보여주는 자랑스러운 모습이 아닐 수 없다. 와이파이가 시원스럽게 터진다. 가족들에게 공항 도착 소식을 날리며 또 한 번 한국인임이 자랑스러워지는 순간이다.

입지도, 쓰지도 않고 그대로 내놓는 물건들이 이번에도 여전하다. 비실비실한 몸이 모처럼 멀미도 안 하고 건강하게 돌아와 즐거워하니 가족들도 덩달아 뿌듯해한다. 우렁이 각시의 대탈출이 매년 있도록 해주겠다는 남편의 호언장담을, 일본의 청결한 위생이 내게 주던 신뢰만큼이나 굳게 믿고 싶다.

> 사람 살아가는 유형과 낯선 문화를 접하는 것은 참 매력 있는 일이다. 이웃 나라들과 우리의 삶에서 볼 수 있는 뉘앙스 차이는 어쩌면 문명과 문화가 서로 제 할 일을 하면서 만들어낸 작은 틈새 같은 것일지도 모른다. 그 작은 틈새는 우리가 앞으로 살아갈 모습에 대해서 많은 것을 시사해준다.
>
> – 박영민 교수의 '일본 음식 소개' 글에서

gayshin@yahoo.co.kr

Date : Sat, 5 Sep 2015 20:55:44 −0400

To : <july7085@hanmail.net>

메일 내용

엄마, 내주신 사진을 글과 맞춰가며 기억해 보니 엄만 역시 묘사가 그만인 걸요.

그 사진이 그곳이었구나 하게도 되고요.

최근에 일본 환자를 2명 보게 되었는데 겉과 속이 다른 것 때문에 고생 쪼금 했어요.

그래도 엄마 글처럼 왠지 문화적 자존심이랄까 뭔지 미국에 있고, 오래 살았고 각각 이태리 사람이랑, 한국 사람이랑 결혼

했지만, 다른 인종만큼 적응, 동화가 잘 안 되는 사람들이라고 느껴지게 했어요.

엄마 글 첫 부분이 너무 좋아요.

아빠가 산만하다고 하신 것은 엄마 여행지를 다 소개하시고 조금씩 다 정감을 부여하셨기 때문에 좀 속도감을 느끼신 걸까요. 아빠 신랄한 평가시군요. 엄마께 날카로운 지적을 내리시다니!!!! 너무해요!!!!(^@^)

엄마도 아빠도 여러 가지 종류의 기분전환 내지는 새로운 활력, 충전의 시간을 가지시도록 저희가 열심을 내볼래요. 많이 경우 없는 저라서, 아빠 엄마 맘을 읽지 못할 때 많지만, 엄마 글이 제 맘을 시원하게 해요. 사랑해요!

나의 iPad에서 보냄

평범한 일상이 행복이란다

운전 중에 아파트 단지를 걸어가던 그녀를 스쳐본 것이 불과 한 달 전쯤으로 기억되는데, 밤새 안녕이라더니 그 사이에 무슨 변고가 있었던 걸까. 재활병원 603호 병실을 기웃거리던 나를 선배가 먼저 알아보고 미소를 지으며 손짓으로 불러들였다.

삭발한 여승의 모습으로 침상에 앉아 있던 그녀가 어이없어 하는 나를 끌어 앉혔다. 밤송이 가시처럼 삐죽삐죽 새로 돋아난 짧은 머리카락 사이로 커다란 수술 자국이 드러나 보였다. 한 번도 흐트러진 모습을 보이지 않으며 풍성하면서도 단정한 머리 모양이 그녀의 이미지였는데, 다른 곳도 아니고 머리뼈를 절단했다니, 수술 과정의 끔찍한 기계음이 상상되어 잠시 소름이 돋았다.

갑자기 중심을 잃고 비틀거리는 자각 증상에 당황했던 지난달, 서울로 올라가 '뇌척수막 양성종양' 이라는 진단을 받았단다. 검사를 받던 병원에는 수술 대기자가 너무 많아 순서가 한참 뒤로 밀렸다. 이 병원 저 병원 수소문할 때 가족들은 또 얼마나 다급하고 애를 태웠을까.

다행히 날짜를 앞당겨 잡고 여섯 시간에 걸친 수술 끝에 탁구공만 한 혹을 성공적으로 제거했단다. 수술대에 오를 때까지만 해도 맹장 떼어내듯 아주 작은 혹 하나 간단히 제거하는 줄로만 알았다며 눈물을 보였다. 마취가 풀리면서 밀려오는 극심한 통증을 말할 때는 치를 떨듯 고개까지 절레절레 흔들어 그 엄청난 고통이 내게도 전해지듯 했다.

재활과정을 거치는 동안 중심을 잡지 못하는 몸 때문에 조급한 나머지, 몇 날을 지독히 울었다며 지나간 일을 회상했다. 어떠한 고통도 흘러가는 시간이 약이라지만, 환자는 물론 가족들은 당시의 마음이 얼마나 하늘 무너지는 고통이었을까 싶었다.

기도하려고 감싸 쥔 내 손 위에 선배가 두 손을 같이 포개어 감쌌다. 수술 날짜를 앞당길 수 있었던 행운과 성공적인 수술 결과를 선배는 의사인 아들의 덕으로 돌렸지만, 절대자인 신의 도움 없이는 이루어질 수 없는 일이라고 기도드리면서 빠른 회복을 구했다. 꼭 그렇게 해 주실 것이라 믿는 환자의 마음이라면, 기도는 곧 병의 빠른 회복을 위한 정신적 치료제가 될 것이 분명한 일이다.

병원 문까지 따라 나와 배웅하던 그녀의 걸음은, 4주 동안의 눈물겨운 재활 운동으로 또렷해진 발음만큼이나 지극히 정상적이었다. 다음 주부터는 통원치료로 바꾸어서 곧 퇴원할 거라는 그녀는, 내가 멀어질 때까지 한 손을 흔들어 보이며 평온한 여유를 보였다.

담도암 말기의 판정에 항암 치료를 거부하고 마지막 길을 받아들이던 칠순의 은퇴 교장 선생님은 우리 성당의 교우였다. 깊고 깜깜한 죽음의 골짜기에서 외로움과 두려움의 처절한 고통을 어떻게 다 이겨내셨을까. 몇 주 전까지만 해도 우리는 미사 시간에 건강한 모습으로 서로 '평화의 인사'를 나누었다.

더위를 투정하며 지내는 긴 여름 동안 내 이웃들은 그렇게 생사를 넘나들며 비통에 젖어 있었다. 신경을 파고드는 극도의 통증을 견디며 십자가를 꼭 쥐고 잠들었다며, 병상의 모습만 보고 돌아온 남편이 침울한 표정으로 말을 아꼈다. 얼마 남지 않은 삶의 마지막까지 모든 걸 내려놓으면서도 절대자의 힘을 빌려 평온을 찾고자 손에서 놓지 않았을 십자가다.

밤비가 추적추적 내린다. 비에 젖어 꺼져가는 촛불인 양, 어둠 속에서 간간이 팔딱이는 그분의 모습이 눈앞에 자꾸만 비치며 가슴을 짓누른다. 다음 날 아침, 남편으로부터 교장 선생님의 부음을 들었다. 마음이 몹시 저렸다.

죽음은 누구나 피해갈 수 없는 길이라고 입버릇처럼 말들 하지만 피해 가고 싶은 두려운 일이다. 겸손해야 한다는 생각도, 사는 하루하루가 살얼음판처럼 조심스러워지는 것도 그래서다. 언젠가는 내게도 다가올 일이고 인정하기 싫어도 받아들여야 할 일이지만, 생의 마지막 상황을 애써 외면하고 싶은 게 사실이다.

가톨릭 센터에서 엊그제부터 시작된 19기 '임종 봉사자' 교육에 용기를 내어 참석하고 있다. 영상을 통해 죽음을 앞둔 말기 환우들의 마지막 삶과 가족의 절절한 몸부림을 본다. 나는 지금 무엇을 느끼며 무엇을 깨닫고 있는지조차도 설명이 되지 않는다. 절체절명의 그들을 보며 그저 복받쳐 오르는 뜨거운 눈물을 주체할 수 없을 뿐이다.

30년 가까이 환우들에게 도움을 주셨던 성모병원 명예 교수님의 사례발표로 끝을 맺었다. '지금 내가 누리고 있는 작은 것 모두가 거저 받은 선물이고 사랑이었으므로, 우리는 감사함을 잊지 말아야 한다.' 고 했다.

다람쥐 쳇바퀴 돌듯 집안일과 직장 일이 반복되던 젊은 어느 날, 사는 게 특별한 것도 없이 날마다 그저 그렇다며 푸념을 한 적이 있었다. '놀랄 일 없는 그저 그런 평범한 일상이 행복 아니냐.' 하시던 친정어머니의 생전 말씀을 새롭게 떠올린다.

독수리의 날갯짓

– 『여자라면 힐러리처럼』을 읽고

이 책은 2007년 (주)다산북스에서 작가 이지성 씨가 자기 계발서 성격으로 쓴 책으로 2012년 74쇄 발행기록의 인기 도서다. 이 책 때문에 전 미국 국무장관 힐러리의 열정적인 삶에 대한 세인들의 관심이 더 집중되고 있는 것 같다.

내가 알고 있는 힐러리는 클린턴 전 미국 대통령의 부인, 그리고 미국 국무장관 등이 고작이다. 누구도 따를 수 없는 힐러리의 독특하고 치열한 자기 계발 노력의 결과로, 성취되어 가는 새로운 인간 형성 모델을 보며 감동하지 않을 수 없었다. 특별히 그녀는 나와 비슷한 연령대의 여성으로서 같은 세월을 살아와 자꾸만 내 삶에 비추어 뒤돌아보게 한다.

고등학교 시절까지의 힐러리는 다른 사람들처럼 평범한 학생이었다. 그 당시 그녀의 교육 환경은 역시 기존가치에 충실하기를 바라는 보편적인 환경이었다. 힐러리를 가장 사랑한 아버지나 힐러리의 뛰어난 재능을 최초로 알아본 고등학교 역사 교사였던 폴 칼슨 역시 힐러리에게 그들의 방식만을 믿고 따르기를 원했다. 그가 다니던 교회 목사로부터, 1960년대 미국 중산층 시각으로 볼 때 파격적인 흑인 인권운동, 실존주의 철학, 추상 미술 등 개방적이고 혁신적인 교육을 받긴 했지만, 그 역시 힐러리의 아버지나 선생님처럼 자신들의 삶으로만 가르치며 배우게 했을 뿐, 힐러리의 잠재력이나 개발을 돕는 좋은 멘토는 아니었다.

힐러리는 이러한 교육적 환경으로부터 멀리 떠나오게 되었다. 한 치의 흔들림 없이 자신의 신념대로 비상하는 독수리가 되기 위한 몸부림이 시작된 것이다. 그녀는 당시 수재들만이 모인다는 동북부의 웰즐리 여자대학에서 치열한 공부를 하게 되고 특별한 인간관계를 만들어 갔다. 반 1등 정도의 수재가 모인 곳이 웰즐리 여자대학교라면, 전교 수석들의 모임인 하버드대학 공붓벌레들의 학습 방법을 익히고자, 하버드대 친구들을 사귀며 그룹 토론을 학습하면서 토론의 능력가가 되는 학습 리더가 되었다. 그의 성공 스타일 중 하나인 최고가 되기 위해서 최고와 어울리며 치열하게 공부한 것이다.

그녀는 대학 시절, 남녀 데이트 문화가 뿌리 깊은 미국 사회에서 단 두 번밖에 데이트하지 못했던 인기 없는 여자였다. 그녀는 다른 여대생들처럼 남자의 인기를 끌려고 외모를 가꾸는 어떠한 노력도 하지 않았다. 그러나 킹카를 사귀려고 다른 인재들보다 세 배, 네 배의 뛰어난 능력을 기름으로써, 지적으로 유능한 킹카들의 관심을 끌어냈다. 그리고 내면적으로 치열한 능력의 소유자였던 힐러리는 그들을 굴복하게 하였다. 빌 클린턴도 그중 하나였다. 힐러리는 수없는 클린턴의 구애 끝에 결혼을 승낙했다.

독서광으로 유명한 재클린 케네디와 『타임스』지에 소개된 미시시피 주 최초 흑인 여성 변호사인 메리언 라이트 에델만을 어렵게 만나, 그들을 감동케 하고 자신의 본보기로 만들었던 일. 힐러리의 그러한 열정적인 자세에 그들은 마음을 열어 보였고, 그들의 삶과 사고방식은 힐러리의 좋은 멘토로 작용했다.

힐러리는 항상 사람들의 신뢰를 얻고자 했다. 어떠한 난관에 부딪혀도 자신이 먼저 자기 자신을 철저히 믿고 살았다. 그러면 다른 사람들은 오래지 않아 부정적인 생각에서 벗어나 힐러리의 신념에 스스로 감염되어 그녀를 신뢰하고 따르게 되었다.

클린턴 대통령 후보 시절, 그녀는 선거 총괄, 유세 일정 계획 등등 1인 4역까지 해가며 자신과 상대방과 적의 입장을 조감도 들여다보듯 입체적으로 사고하는 능력을 쏟아, 클린턴을 두 번씩이나 대통령으로 당선시켰다. 클린턴이 성 추문으로 탄핵의 어려움을 맞았던 그 시절에도, 그녀는 그런 위기상황일수록 평형감을 유지하고 아무 일도 없었던 것처럼 행동하며 하던 일을 계속하던 장부 같은 통 큰 여자의 모습을 보였다.

불가능해 보이는 목표를 세우고도 어려운 일을 의도적으로 시시하게 생각하면서 집중해서 일하는 그의 성공 스타일은, 미국 최초의 여성 대통령의 꿈을 향해 비상하는 또 한 마리의 독수리를 보는 듯하였다. 무엇이 이처럼 그녀를 불사 전의 용사로 만들었을까?

첫째, 그녀가 가지고 있는 성장 잠재력이었다. 그녀는 이미 고교 시절, 폴 칼슨 선생님에게 인정을 받은 학생이었고,

둘째, 스스로 자신을 믿고 자신만의 삶을 개척하려는 당돌한 의지를 갖췄다. 기존의 가치보다는 새로운 가치를 창출해내는, 야생 마적인 용기는 그녀의 최대 장점이다.

셋째, 독수리의 비상을 가능케 한 것은, 그녀의 엄청난 독서력에서 비롯된 해박한 지적능력이었다.

처칠과 에디슨, 아인슈타인 등, 위인들의 유년시절 공통된

평가는, 지적 장애아, 전교 꼴찌, 왕따 등이었다. 그러나 성공의 밑바탕에는 기본적인 철학, 고전의 특별한 독서법을 통해 천재적 사고능력이 내재한 결과다. 이러한 사실을 일찍이 간파한 힐러리 또한, 고전독서법 실천을 통해 토론에서도 남다른 능력을 지니고 있었기 때문이었다.

인도양의 모리셔스 섬에 살던 도도 새는 1681년 멸종이 되었다고 한다. 생물학자가 분석한 멸종 원인으로, 유순한 성질과 생태계에 적이 없는 점 외에도 또 날지 못해서였다고 한다. 그녀는 나약한 도도 새의 삶을 용기 있게 박차고 독수리로 비상했기 때문에 성공할 수 있었다.

나는 이 책을 읽으면서 지금까지 살아온 내 삶의 방식은 도태된 그 도도 새의 삶이 아니었던가 하고 생각했다.

학창 시절, 나는 부모님과 선생님 말씀을 잘 따르는 모범생이었다. 그 이후의 삶도 그저 남에게 폐를 끼치는 일 없이 상대를 이해하며 적을 만들지 않으려만 노력해 왔다. 그러나 나의 꿈을 높이 두고 한계를 초월하는 열정적인 그런 날갯짓을 할 엄두는 내지 못했다. 나는 나의 잠재능력을 믿지 못했고, 큰 꿈의 실현은 내 현실과는 먼 그림일 뿐이라고만 생각해버렸다.

힐러리의 성공 스타일은 은퇴 이후의 내 삶에 또 다른 불씨를 붙이는 동기가 되었다. 내가 그녀의 독수리 날갯짓을 흉내라도 내보는 작은 꿈을 꾸게 해 준 것이다.

힐러리는 드디어 미국 대통령 후보가 되었다. 그러나 예상을 깬 트럼프의 당선(2016년)으로 그녀의 꿈은 물거품이 된 듯하나, 힐러리의 도전적 삶의 태도는 그녀를 그대로 주저앉게 하지는 않을 것이라 믿는다.

제5부

우리가 남인가

물

시커먼 하늘이 구멍이라도 뚫린 듯, 장맛비는 점점 더 굵은 빗줄기를 보였다. 갑자기 불어난 큰길의 빗물이 한꺼번에 저지대의 우리 집 골목으로 흘러들어왔다. 결혼 6년 차, 도시로 나와 처음 장만한 집은 아담했지만, 널찍한 샘터와 콸콸 쏟아지던 수돗물의 수압이 매우 만족스러웠던 곳이다.

일순간에 쓸려온 빗물로 마당은 강물처럼 넘실대며 마루턱까지 차올라 금방이라도 방안으로 밀려들 기세였다. 골목으로 모여든 동네 남자들은 삽을 들고 이곳저곳 후벼대며 떠들썩했다. 흠뻑 젖은 몸으로 마당의 물살을 헤치고 들어선 남편이, 하수구가 막혀 더는 물이 빠지지 않는다며 난감해했다. 소란을 피우던 방 안의 어린것들이, 겁을 잔뜩 먹고 발만 동동 구르며 사색이 된 제 어미의 기색을 읽고 금세 조용했다.

진정될 기미를 보이지 않던 세찬 빗줄기가 다행히 오후가 되면서 서서히 잦아들었다. 장막 같던 어두운 하늘이 조금씩 빛을 찾아갔다. 흙탕물을 뒤집어쓴 살림살이를 보며 한숨만 짓던 수재민들의 모습이 하마터면 나의 일이 될 뻔했다.

물난리에 놀란 뒤, 고지대 조건을 찾아 2년 뒤 이사했다. 다른 곳에 비해 지대가 높았던 양옥집은 동네에 홍수가 난다 해도 물에 잠길 염려는 없을 듯했다. 경사진 골목 안에 있던 집은 높은 벽돌 굴뚝과 넓은 정원이 더 마음에 들었다. 폭우가 쏟아지던 장마철에도 우리는 거실 소파에 앉아 오히려 세찬 빗소리를 즐기며 느긋한 행복감에 빠지기도 했다.

그러던 다음 해, 몇십 년 만의 혹독한 가뭄이 여러 지방을 휩쓸었다. 불볕처럼 이글거리는 하늘만 바라보며 농부의 가슴은 바싹바싹 타들었고 논바닥은 거북이 등처럼 갈라졌다. 고지대 주민의 식수난이 심각했다. 바닥이 드러난 저수지에서는 영원히 비밀로 묻힐 뻔했던 의문의 승용차 변사 사건이 큰 뉴스를 만들기도 했다.

식수를 나누어 주던 급수차 앞으로, 꼬리를 문 가지각색 물통의 행렬은 난민촌의 형상을 방불케 했다. 당장 마셔야 할 물

한 방울을 더 얻기 위한 본능적인 몸싸움이 치열했다.

물을 물 쓰듯 하던 내 소비적인 생활에 비상이 걸리면서 금쪽같은 한 방울의 물을 아끼려 아이들을 닦달했다. 쌀 씻은 물로 설거지하고, 그 물에 걸레를 빨며 또 아이들의 오줌통을 헹구었다. 지난여름, 커다란 고무 통에서 물장난을 즐기던 내 철부지들은 어느 때부터인가 말라비틀어진 수도꼭지에 어리둥절했다.

아이들을 씻겨야 하고 빨래도 해야 할 소중한 물 줄이 끊긴 뒤, 동네 사람들은 생활용수를 마련하느라 손수레까지 동원하여, 저지대 동네까지 가서 물을 얻어 나르는 고난의 행군을 이어갔다.

낮 동안 아랫동네의 수돗물이 먼저 채워진 뒤라야 우리 골목집들은 그나마 병아리 눈물 같은 물줄기를 기대할 수 있었다. 밤새 뜬눈으로 애타게 기다리다, 수도꼭지에서 쫄쫄거리며 떨어지던 감로수 소리를 듣게 될 때, 그보다 더 반기든 소리가 또 있었을까.

동남아 어느 낙후 지역에서 우리 봉사단이 수십 미터 물길을 파고 깨끗한 지하수를 끌어올리며 기뻐하는 뉴스를 본다. 온몸으로 물세례를 맞으며 코리아를 외치고 환호하는 주민들과 아이들은 수십 년 전, 바로 우리들의 모습이었다.

짐승도 먹일 수 없을 정도로 오염된 흙탕물 한 통을 머리에 이고 십 리 길을 걸어오는 아프리카 어린 소녀의 맨발을 보며 마음 아파했다.

바다처럼 마당을 잠기게 하며 살림살이를 집어삼킬 듯 넘실대던 공포의 그 장맛비는 바로 내 생명의 물줄기였다.

지금이야 물 관리 행정이 잘 이루어져 어려움이 없어 보이지만, 우리도 물 부족 국가가 된 지 이미 오래다. 화장실 변기의 무감각한 물 내림. 샤워기를 계속 튼 채 흘려버리는 무신경한 공중목욕탕의 모습. 몇 점 안 되는 빨랫감을 세탁기에 넣고 여러 차례 돌려대는 무분별한 물 소비 버릇. 먹을 물도 없어 어려웠던 그때를 벌써 옛일로 잊고 지내는 내가 아닌지. 생명인 물 한 방울을 진심으로 소중하게 생각하고 더 아껴야 한다는 생각을, 바로 실천할 때이다.

보고 싶다, 현호야

'꼭꼭 숨어라. 머리카락 보인다. 영희도 찾았다. 장꽝(장독) 뒤에 숨었다.', '철수가 학교에 갑니다. 바둑이도 따라갑니다.…… 쫌매서 (묶어서라는 뜻)'

글자는 아예 보지도 않고 귀동냥으로 익힌 글을 그럴싸하게 읽는다. 목줄에 매인 바둑이 삽화를 한참 위아래로 훑어보던 현호는, 있지도 않은 글자까지 능청스럽게 지어낸다. 떨어질 듯 떨어질 듯 위태롭게 흘러내리던 누런 코를, 훌쩍 한번 들이마시고는 혀를 날름대며 짭짤한 입술을 훔친다.

현호는 1975년, 교단경력 7년 차에 시골 초등학교에서 만난 아이다. 숙제도 나 몰라라 하며 책 보따리를 내던지고는 종일 나가 놀다 해 저물어야 들어온다며, 현호 어머니는 첫아들을 입학시켜놓고 애가 탔다. 농사일에 파묻혀 돌봐주지 못하는 자신이니 때려서라도 가르쳐달라 했다.

푸짐한 몸매의 현호 어머니를 동네 여자들은 '쑤꾸리 덕' 하고 불렀다. 친정 마을이 아마 쑥 골이어서 부르는 택호인 것 같다. 현호 어머니는 신혼 생활을 하는 내게 참기름과 찐 감자 등 작은 정을 자주 베풀었다.

면내 5일 장에서 나를 만나 반가워하던 쑥골댁은 느닷없이 탱자만 한 눈깔사탕을 불쑥 내 입속에 몰아넣었다. 입안 가득 찬 왕사탕을 굴릴 수도, 뱉어낼 수도 없어 우스꽝스러운 입 모양으로 어찌나 당혹스러웠던지 선생 체면을 난감하게 만들던 순박한 여인이었다.

문자 해득을 위해 지진아 지도라는 명목으로 현호는 매일같이 남아서 별도의 공부를 했다. 달리기도 잘하고 딱지치기도 잘하던 현호의 주머니는 항상 불룩했다. 무엇을 찾는가 싶은 내 행동을 보면 얼른 다가와,

"선생님 이거 찾지요?"

용케도 내 마음을 꿰뚫던 눈치 빠른 아이였다. 팔베개하고 잠시 책상에 엎드려 있기라도 하면, 어느새 내 등 뒤로 와서 어

깨를 통통 두드려 주며 다른 아이들은 얼씬도 못 하게 했다. 모든 심부름도 제 차지가 되어야만 했던 귀여운 악동이었다.

공부가 끝나면 어려움도 모르고 교탁이 있는 내 코앞까지 나와, 바닥에 보자기를 훌러덩 펼쳐 깔고는 야무지게 책보를 싸서 허리춤에 맸다. 그리고 하교 인사를 하기 무섭게 후다닥 제일 먼저 교실 문을 빠져나가는 동작 빠르고 거침없는 아이였다.

씨 뿌리고 농사 준비로 모두가 들로 밭으로 나가고 없는 시골 마을의 학년 초 가정방문은 교육상담의 진정한 의미를 찾을 수가 없었다. 김칫국물이 벌겋게 묻은 얼굴을 하고 동네 어귀에서 만난 현호는, 학교에서 보던 개구쟁이 모습은 어디 갔는지 나를 보자 매우 쑥스러워했다.

받아쓰기 시험을 볼 때마다 'ㅅ ㅅ ㅈ ㅈ' 등 '지지자자' 만 써대던 국어 실력은 나의 지도 보람도 없이 매번 소귀에 경 읽기였다. 시험지에 제 짝의 이름까지 훔쳐 그대로 옮겨 쓰며 눈치로만 살던 현호를, 견디다 못해 소대가리 말대가리라며 쥐어박았다.

개별지도를 포기한 채 며칠을 보냈다. 선생님이 자기를 미워한다고 생각했던 현호는 그날 이후 풀이 죽어 지냈다. 큰 눈만 애처롭게 껌벅거리는 모습을 보니, 안쓰럽기도 하고 또 마음도 편하질 않았다.

다시 몇 달을 붙들고 실랑이했다. 어느 날, 제 이름자 ○현호를 비롯한 낱말 열 문제를 받아쓰게 했다. 드디어 틀린 글자 하나 없이 신통하게 통과했다. 빨간 색연필로 100점이라고 밑줄을 쭉 긋고 왕별까지 달아 주고 나니, 현호보다 내가 더 기뻤다. 현호를 꼭 안고 느끼할 정도로 칭찬을 함빡 쏟아주었다.

"아─따, 쉽다."

으스대던 현호의 두 어깨에 자신감이 넘쳐나고 있었다.

그다음 해, 나는 시내 학교로 옮겨갔고, 또 다른 아이들과 실랑이를 하는 동안 현호와의 추억은 나에게서 차츰 희미해져 갔다.

어디에 꼭꼭 숨어 있니? 정말 보고 싶다. 현호야!

사람 사는 세상

아이는 기어이 나무 책상 한가운데에 깊은 칼자국을 냈다. 둘씩 앉아 공부하던 기다란 책상을 반도 훨씬 넘게 차지하면서 옆 사람의 불편은 아랑곳하지 않던 뻔뻔한 짝 때문이었다. 피해만 볼 수 없다고 마음먹은 뒤, 제 권리를 표시했고 결국 날카롭게 파인 담을 쌓았다.

내 영역을 확실히 해두고 내 소유를 늘 확인하고 싶어 하는 게 인간의 일반적인 속성이다. 울타리 없는 모호한 경계는 누군가에게 내 것을 침해당하며 손해를 볼지도 모른다는 불안한 심리를 갖게 한다.

아이는 그 모호한 경계를 구분 짓고 상대에게 확실한 인식을 시켰다. 그리고 조금의 침해도 당하지 않으려는 자신의 명쾌한 대처에 마음이 후련했다. 그러나 칼로 새긴 깊은 골의 경계에도 울타리는 분쟁의 여지를 남겼다.

책상에 새긴 선은 이해나 배려가 없는 불통의 철책이었고, 아이도 저 자신을 그 안에 꽁꽁 가두어 버린 꼴이 되었다. 팔꿈치는 물론 연필이나 공책이 그 선을 넘어오기라도 하면 여지없이 그것들을 밀쳐내며 응징했지만, 자기도 가끔 무의식중에 몸이나 물건들이 경계를 넘는 바람에 분란이 자주 일어났다. 작은 손해도 절대 볼 수 없다는 팽팽한 자존심은 급기야 서로에게 상처를 주면서까지 큰 싸움으로 번지곤 했다.

엘리베이터 안의 좁은 공간에 한 남자와 여자의 어색한 침묵이 흘렀다. 여자는 못 본 척 얼른 단추를 눌러 문을 닫았어야 했는데, 기민하지 못했던 자신의 대처에 잠시 후회한다. 공연한 헛기침을 하고 옷매무시를 고쳐보며 둘만의 서먹하고 적막한 공기를 물리려 쓸데없는 에너지를 소모하고 있다. 먼저 인사를 건네기엔 이미 늦어버린 일이다. 얼음장 같은 냉랭한 기류에, 층을 알리는 엘리베이터의 빨간 숫자마저 눈치 없이 더디다. 그들은 먼저 마음을 여는 일에 매우 서툴렀다. 배려와 수용의 학습을 소홀히 하고 자란 탓에 자연스럽게 다가가는 마음의 인사가 익숙하지 못했다.

서로 사랑하여 결혼한 젊은 부부는, 언제부터인가 대화가 사라졌다. 자신의 생각만이 옳다고 판단한 그들은 이견을 좁혀 볼 의지도 없이 보이지 않는 불신의 담장만 높이 쌓아갔다. 진정한 대화로 다가가려고 노력 하지 않아 골은 더욱 깊어져만 갔고, 그 부부는 기어이 둘 다 패자의 모습으로 끝장을 내고 말았다.

열린 대민업무 차원에서 공공기관들은 울타리를 모두 허무는 혁신적인 사업을 추진했다. 관상수를 이용한 자연스러운 경계만이 울타리 구실을 대신 했고, 담장이 사라진 공간은 답답했던 눈과 마음을 즐겁고 시원하게 틔워 주었다.

담장 없애기 사업은 딱딱한 기관의 이미지도 허물어서 외형적으로도 일단 성공적이었다. 울타리가 차지했던 자리 이상의 공간 확대라는 물리적, 시각적 효과는 실제보다 더욱 컸다. 또한, 허용하고 수용하는 믿음의 새로운 인식을 하게 한 심리적 효과도 대단히 긍정적이었다. 실제의 울타리가 사라진 뒤, 새롭고 밝은 문화가 형성되었고 사람들의 미적 감각을 한층 높이는 차원으로까지 큰 효과를 얻은 셈이다.

내가 어렸을 적엔, 도심의 담장들은 날카로운 병 조각을 심거나 가시 철망을 친 단단하고 높은 시멘트 울타리가 많았다. 장벽 같은 울타리 안에서 물질과 정신을 꽁꽁 감추고 가두면서 이웃과 폐쇄 적이고 이기적인 생각만을 점점 키워나갔다. 그렇게 살아가는 것이 자기만의 행복을 지키는 수단처럼 인식하고 살았다.

아내가 부어주던 바가지 물에 등목하며 고단한 하루를 접던 도심 변두리의 판자 울타리 안 사람들은, 그들의 원초적인 모습을 부끄러워하지도 않고, 행복한 웃음에 실어 떨어져 나간 옹이구멍 사이로 흘려 내보였다.

탱자나무 가시가 촘촘히 박힌 학교 생나무 울타리는 위선을 포장한 인간들만이 그 담을 의식하며 먼 길루 돌아갔지만, 굳이 울타리가 소용없던 견공들은 생나무 사이로 지름길을 만들어 자유롭게 드나들었다.

흙냄새가 묻어나는 시골집에는 꽁꽁 감추어둘 값나가는 귀중품이나 비밀스러울 이야기도 없어, 바람도 드나들고 허수아비도 언제든지 들여다보라고 나지막한 싸리나무 담장과 엉성하게 엮어 만든 사립문이 전부였다. 가슴팍도 안 닿던 돌담을 사이에 두고 김 영감은 박 영감과 얼굴을 마주하며 윗마을 소식을 정겹게 주고받고 이웃집 총각과 처녀들은 사랑의 눈빛을 나누기도 했다.

극단으로 치 닫으며 통합되지 못하는 이념적 울타리와 높은 지위에 올라 군림하는 권위적 울타리, 한 치의 마음도 내줄 줄 모르는 오만한 울타리, 배려와 화합을 외면하는 이기적인 울타리들, 사회를 병들게 하는 많은 울타리는 아직도 우리 주위에 건재하다.

이제 외형적인 벽이 아닌 너와 나, 우리를 가로막는 생각의 벽, 마음의 벽을 허물어야 실로 선진국민이지 않을까.

그녀는 더 예뻤다

"벌써 출발한다고요? 나 이제야 김치 담아 놓고 나물 준비하고 있는데, 어쩌지요? 알았어요. 어서 오세요."

예정보다 한 시간을 앞당겨 출발을 알리고 열두 명의 문우들이 농촌 동인 전미동으로 향했다. 5월의 햇살이 온 동네에 가득한 점심나절, 활짝 열어 놓은 철문 앞에서 화장기 없는 그녀가 우리를 반색하며 맞았다.

요즘 시골에서도 보기 힘든 제비가 그녀의 집 현관 벽에 둥지를 틀었다며 수필공부 시간에 스마트폰의 사진을 자랑했었다. 반갑고 신기해하던 우리를, 제비집 구경시켜준다는 명분으로 스승의 날을 맞아 교수님과 함께 집으로 초대한 것이다.

안경까지 벗은 그녀의 민낯이 영 딴사람 같아 잠깐 낯설었다. '전화를 받고 당황하던 그녀가, 시계만 보며 화장할 시간도 없이 손님맞이에 정신없었겠구나.' 하는 생각에 미안한 마음이 들었다.

넓은 마당 한쪽의 채소밭에서는 아욱과 상추가 싱싱하고 푸르렀다. 산에서 손수 뜯어왔다는 버섯과 산채들이 알뜰살뜰하고 부지런한 그녀를 닮아 건강한 먹거리로 햇볕을 쬐며 채반에서 잘 말라가고 있었다.

더덕, 고사리, 미나리 그리고 생소한 삿갓버섯까지 가지각색 나물들이 준비되었고, 들깨를 걸쭉하게 갈아 넣은 머위탕이 먹음직해 보였다. 작년 가을, 직접 쑤어 와서 문우들의 입을 호사시켰던 도토리묵을 비롯하여 자연 친화적인 온갖 음식들이 그녀의 손맛으로 한 상 가득 차려지고 있었다. 어디 그뿐이던가. 홍어삼합에 돼지등갈비김치찌개며 소고기뭇국, 시래기 된장 지짐 등 그야말로 토속적인 음식들이 산해진미로 준비되고 있었다.

간단한 상추 쌈밥에 제비집 구경을 시켜주겠다 해서 모두 부담 없이 나선 길이었는데, 그녀의 심성대로 일을 벌이고 있었다.

"아침에 김치부터 담갔어요. 바로 담가 먹어야 맛이 있거든요."

"이따 가실 때 한 포기씩 싸 드리려고 많이 담갔어요. 열두 시 넘어 오시기로 해서 이것저것 준비하고 있던 참인데…."

막 담가 놓은 커다란 통속의 김치가 아침 내내 부산했던 열기로 발그레해진 그녀의 볼처럼, 고춧가루에 발갛게 버무려져 맛깔스럽게 보였다.

"이게 무슨 일이람? 손님을 초대해 놓고 맘이 조급했을 텐데, 무슨 여유로 이 많은 김치를 새로 담갔어?"

주방에서 바쁘게 손을 놀리는 그녀의 민낯은 화장했을 때의 모습보다 더 예뻤다. 여자 문우들이 상을 놓는 일에 모두 거들고 나섰다.

김치도 여러 종류가 식탁에 놓였고, 정갈한 밑반찬들이 입맛을 돋웠다. 내가 좋아하는 찰밥까지 밥솥에서 뜨거운 김을 내뿜고 있었다. 잠시 밖으로 자리를 피해 준 그녀의 남편은, 내가 펼친 그 상에서 요즘 성서 필사筆寫에 열중하고 있는 것 같았다. 상 위에 있던 필기도구들을 한쪽으로 치우면서 그의 깊은 신앙심에 나도 모르게 무릎을 꿇고 성호를 그었다.

너도나도 편의주의로 내닫으며 인정이 메말라 가고 있는 이즘, 몸을 아끼지 않는 그녀의 정성과 사람을 대하는 극진한 인정은 아무나 쉽게 흉내 낼 수 없는 일이다. 그래서 제비는 그녀의 큰딸에게 행운을 가져다준 모양이다.

네 명의 딸을 둔 그녀의 첫째는, 부모의 힘을 덜어드리려고 생활비를 절약해가며 서울에 있는 고시원에서 열심히 공부해 왔다고 한다. 도내에서 한 명밖에 뽑지 않는 기술고시 1차 시험에 합격하던 날, 제비는 길운을 안고 이미 그녀의 집을 선택했다. 착하고 성실한 흥부에게 큰 복을 주었던 제비는 오랜 병석의 친정 부모와 시부모를 번갈아 봉양하며 효를 다하고, 이웃에게 인정을 베풀며 살아온 그녀를 눈여겨본 게 아니었을까?

그녀가 고백하기 전까지는, 글쓰기를 비롯한 그녀의 많은 재능으로 미루어 대학을 마친 여성으로 의심치 않았다. 여자가 많이 배우면 안 된다며, 시골 노인네의 봉건적인 생각에 있던 할아버지의 강력한 반대로 고등학교 진학 기회를 빼앗겼다. 늘 가슴에 한으로 남았던 공부에 대한 열망은 그녀의 딸들이 대학교를 모두 졸업한 이후, 오십이 넘은 나이에서야 한국 방송통신고등학교에 입학할 수 있었다.

직장 일과 가정일로 피곤할 늦은 이 저녁 시간에도, 졸리는 눈을 비벼가며 인터넷 강의를 듣고 있을 그녀를 떠올린다. 오늘 낮에 일터에서 그녀를 만났던 고객들은, 해바라기 같은 '정성려' 님의 밝은 미소와 인정에 끌려 모두 행복했을 게 틀림없다.

우리가 남인가

학교 운동장이 내려다보이는 동쪽 담장 옆으로 기차는 하루에도 몇 번씩 힘겨운 숨을 내뿜으며 언덕을 오르내렸다. 그때마다 눈치 없는 기차는 '떼-에-엑' 하고 찢어지는 화통 소리를 내며 수업의 맥을 끊고 열강하던 선생님의 힘을 뺐다. 점심 뒤의 나른한 졸음에 겨운 우리는, 기적 소리가 낮은 지붕들 사이로 잦아질 때까지 꿀맛 같은 휴식을 취하기도 했다.

얼마 뒤에 있을 수학여행에 들뜬 친구들은 오락 준비로 몇 날 며칠 교실을 떠들썩하게 만들었다. 배우들이나 쓰던 색안경과 귀한 카메라까지 챙기며 모처럼 교복에서 벗어날 생각에 풍선처럼 부푼 마음이었다. 학교와 집을 떠나 친구들과 어울려 잠도 자고 즐겁게 놀, 3박 4일의 자유로움은 상상만으로도 설레는 일이었다.

검정 교복에 달린 나비 날개 모양의 하얀 깃은, 교훈 속의 상징어처럼 고결하기만 했다. 가슴에서 돋보이던 영란 꽃 모표와 백선은 선발집단이라는 이미지로 부러움의 시선을 받으며 무한한 긍지를 갖게 했다.

남자 고등학교 학생으로부터 어쩌다 가방 속에 몰래 전해진 순정 편지라도 받던 아이들은, 어느새 불량학생의 연애 사건으로 비화 되어 시새움은 곧 뉴스거리가 되기도 했다. 집에 들락거리던 오빠 친구들은 우리를 일찌감치 일등 예비 신붓감으로 점쳐두고 전략을 펴기도 했다.

벤치가 있던 등나무 그늘에는, 쥐색 양복을 말쑥하게 차려입고 출근한 총각 선생님에 대한 화제로 소녀들의 수다가 한창이었다. 우리가 그 선생님께 열광했던 것은 총각이라는 이유도 있었지만, 어렵기만 했던 영어수업을 흥미롭게 이끌어갔다는 것과 매시간 선생님의 감동적인 학습 자료 준비에 있었다. 오빠나 삼촌을 보듯, 별칭을 붙여가며 장난기 섞어 격의 없이 대할 때도 헤픈 웃음으로 받아넘기던 선생님의 넉넉한 마음과 성실하고 열정적인 내면을 우리는 존경했다.

종교음악을 전공하셨다는 명문대 출신의 총각 선생님 한 분이 새롭게 부임하셨다. 마른 체격에 첫인상은 무척 날카로워 보였지만, 화성 악을 비롯하여 클래식 명곡 감상의 기회를 많이 주시며 부드러운 심성을 보여주셨다. 또래보다 나이가 많던 내 짝 '숙'이는 음악 시간만 되면 책상 밑으로 손거울을 비춰가며 머리를 곱게 빗고 앉아 얼굴을 붉히기도 했다.

숙이를 비웃던 나 역시, 졸업할 즈음엔 얼굴 없는 라디오의 어느 목소리 주인공에게 이성의 감정을 느끼며 잠시 어설픈 성장통을 겪기도 했다. 헛웃음만 나오는 옛일이지만, 숙이와 나에겐 그 시절이 완전한 배우자를 만나기 위해 성숙해가는 정상적인 하나의 과정이었다. 이성이라고는 아버지와 오빠뿐이었던 우리에게, 여고 시절의 남자 선생님은 풋내기 첫사랑의 대상이었다.

교실 창가로 날리던 노란 은행잎에 마음을 적시며 윤동주의 「서시」에 가슴 아파하고 라이너 마리아 릴케의 시를 떠올리기도 했다. 소녀들은 구르는 낙엽에도 그렇게 모두 시인이 되었고, 가로수 빗길 속에서 영화의 주인공이 되기도 했다.

당차고 새침한 스칼렛 오하라를 사랑하고 유다 벤허의 인간미와 카리스마 넘치는 배우, 율 브린너를 흠모하고 차이콥스키 피아노 협주곡의 선율에 가슴을 저민 것은, 청춘의 충만한 감성이 있었기 때문이었다.

명성 높은 대학교에 입학하고 잠옷에도 빼지를 달고 싶었을 자랑스러운 친구들. 선망의 직종이었던 금융계로 앞서 진출한 실리적인 친구, 오빠 친구에게 일찌감치 눈도장 찍혀 현모양처가 된 친구, 공무원, 사업, 예능, 의료계 또는 해외로의 진출, 비슷한 이유로 나처럼 교직을 선택했던 친구 등등, '백선' (모표) 의 많은 꿈은 수없이 강산이 변하는 동안, 녹록지 않은 세월을 따라 떠나온 거리도 살아온 과정도 멀고 또 다양했다.

몸에 걸친 값비싼 옷과 보석의 가치와 배경, 그리고 잘나가는 남편의 건재함을 피곤할 정도로 포장했던 우리의 젊은 날도 있었다. 그러나 이제는 남편이나 자식보다 손자 손녀들 자랑으로 목마른 칠순의 문턱에 와 있다.

교정의 벚나무 아래에서 사진을 찍으며 재잘거리던 50여 년 전 그 날의 소녀들이 아름다운 4월의 봄볕에 다시 모여 수목원 벚꽃 길을 걷는다. 우리 마음은 분홍빛 그 세월에 묶어두고 안쓰럽게 무너져가는 노년의 남편 모습만 흉허물 잡아, 꽃비에 날리며 한바탕 가슴 터지도록 깔깔댄다.

꾸밈없는 능청스러운 말투로 늘 우리를 웃게 하던 친구가 "난 살 만큼 살았으니, 이제 죽어도 미련 없어. 참말이여." 라며 분위기를 가라앉힌다.

"그 많은 돈을 어찌하고 죽음을 그리 쉽게 말하느냐." 며 핀

잔을 주고 우스갯소리로 받아넘겼지만, 생에 애착이 강한 일반적인 생각에 있던 나는, 너무도 담담한 의지의 표현에 짐짓 놀라웠다. 늘 청춘인 줄만 알고 있던 우리가 어느새 인생 달관의 이 시점까지 건너온 것인가!

순간에 불과한 오늘 우리의 모습을, 다리 밑으로 벽오동 물빛처럼 흐르던 개울을 배경으로 사진에 담았다.

내 인생의 꽃봉오리 같던 가장 아름다운 여고 시절. 절대 장소, 절대 시간의 운명으로 맺어진 동기동창들. 우리는 핏줄과 같은 알 수 없는 끌림으로 교류한다. 오늘만은 모든 생각 물리고 그 시절, 그 좋은 때에 멈춰 있고 싶다.

크게 외쳐 보자.

'우리가 남인가!'

그 이름 영원한 '제38회 전주여고' 동창들이여!

— 2017. 5. 25. 제38회 졸업(1967. 2. 3.)
50주년 기념일에 즈음하여

붉은 악마의 경고

불자동차 꿈을 꾸었다. 활활 타오르는 불길이라도 보였더라면 오늘 무슨 횡재라도 하려나 은근한 기대도 했을 터인데, 죽 늘어서 있는 붉은색 소방차만 바라보다가 깨버린 꿈은 영 맹숭했다.

문학 동우회원 야외수업이 계획된 날이다. 공부라는 무거운 과제를 달고도 기분은 뜬구름이다. 이제 속이 차고도 넘칠 때가 된 나이인데 아직도 바깥바람 쏘이는 게 이렇게 좋으니, 그나마 다행한 일이라 해야 할까.

앞만 보고 나란히 늘어 논 책상에서 늘 뒷모습만 보여주던 문우들이 탁자를 가까이하고 얼굴을 마주했다. 도심을 벗어났다는 것만으로도 즐거운 일인데 카페에서 하는 문학 공부는 내심 흥미로웠다. 분위기 때문이었을까? 누구랄 것도 없이 전문적인 글 평이 여느 날보다 더 깊이 있고 진지하다. 실내를 휘감는 그윽한 커피 향에다, 내 찻잔 속 '캐러멜마키아토'의 달콤함도 한몫했을 터다.

다슬기탕으로 점심을 마치고 근처 숲으로 분위기를 바꿨다. 오월의 상큼한 바람이 머리카락을 날리며 폐부를 말끔히 씻는다. 음식점 앞뜰에 나 있던 노랗고 붉은 꽃 두 송이를 꺾어 문우의 긴 머리에 꽂아주었다. 노란색을 유난히 좋아한다는 그녀의 글을 읽어서다. 꽃은 화려한 외모의 그녀와 아주 잘 어울렸다. 점심에 반주로 한 소주와 맥주의 취기에 내 흥을 제어하지 못한 낭만적 발동이다.

피톤치드의 효능이 보약처럼 가득한 편백 그늘에서 술자리를 펴니 모두가 신선이다. 와인 바를 운영하는 문우가 지난 합평회 뒤풀이로 와인 몇 병을 가져왔을 때, 소주 몇 모금씩 찔끔거리던 처지가 신분 상승이라도 한 듯 한껏 즐겼었다. 그 전적으로 붉은 술잔은 유난히 내 앞에서 많이 돌았다. 레드 와인에는 돼지고기 수육이 최상의 궁합이라며 안주를 권하던 그의 친절에, 멋스러운 와인에는 과일 안주가 제격일 거라는 내 편견을 깼다.

태양을 품은 붉은 포도알은 긴긴 시간 어둠 속에서 뜨거운 마음을 안으로 삭이다, 맑고 고혹적인 빛깔로 태어나 내 눈 속에 머문다. 그리고 혀끝보다 먼저 다가온 황홀한 향에 흠뻑 취한다. 어느 자리에서고 천박하게 굴지 않아야 한다는 나의 관념이, 오늘 같은 날 좋은 사람들과 이런 자리에서는 방어를 해제한다.

노란 꽃을 머리에 꽂은 그녀가 『춘향전』 「사랑가」 한 자락을 감칠맛 나게 뽑는다. 의외의 모습이다. 오늘 와인을 제공한 몸집이 넉넉한 문우가 분위기를 이어 「오 솔레미오」를 열창하는데, 젖어 든 내 붉은 와인에 더 할 것 없는 안주다.

제육 안주가 와인과 환상적 궁합이든, 내 편견을 깬 그녀의 판소리 한 대목이든, 싱그러운 편 백 숲 아래는 이미 동서의 형식을 초월한 묘한 어울림으로 고조된다.

천사의 애칭으로 불리는 또 다른 문우가 '연분홍 치마가 봄바람에' 하며 흘러간 노래를 흥얼거린다. 구성진 그녀의 흥에 내 노래가 따라 용기 내지 못하고 목구멍에서만 맴돌 때, 아직 알코올에 덜 젖은 탓이라며 붉은 악마는 나를 마구 홀렸다.

술의 힘을 빌려 가식을 훌러덩 벗고 싶은 기분이 충동한다. 영롱한 소리로 부딪히던 얄따란 유리잔에서 하롱거리며 투명하던 붉은 빛에, 나는 자꾸 빠져들며 온 마음을 흥건히 적신다.

레드 와인의 강력한 타닌 산도에도 용케 잘 버텨내던 기력이 산에서 내려오던 바람 한 줄기에 의식은 서서히 침몰당한다. 그리고 내 의지와 상관없이 어느 한순간에 무서운 속도로 무너지며 휘청거렸다. 노란 꽃을 꽂은 여인과 와인에 눈뜨게 해 주던 문우가 내 팔을 급히 붙들어 세웠다.

"아, 내가 제일 싫은 게 이런 모습인데……."

붉은 악마의 늪에서 초점을 잃고 도움의 팔에 의지하면서도 중얼거리며 위선을 떨고 있는 나를 본다.

와인과 우아한 친구가 되어보려 했는데, 나를 위해 특별히 준비했다는 레드 와인, '악마의창고프리미엄'은 문화적 경험이 부족했던 내 위장을 엄하게 경고했다. 결국, 전날 밤 꿈에 보였던 여러 대의 불자동차 색깔만큼 나는 그곳 편백숲 어느 화장실 바닥을 온통 붉게 물들이고 말았다.

그날 저녁, 우리 문학 동우회 조직의 건전한 위상을 지키려, 흔들리는 내 몸을 남편 앞에서 꼿꼿이 세우느라 무척 힘들었다. 그리고 피곤함을 핑계로 일찍 잠자리에 누워 흐린 눈동자를 감추었다.

구세주 같은 친구의 전화를 받고 남편이 새벽 낚시를 떠난 아침, 나는 그대로 달려가 병원 침대에 누워 세 시간짜리 수액을 꽂았다.

영생을 꿈꾸는 인간의 욕망

할아버지가 돌아가시던 날, 안덕원 시골집 마당에는 잔칫날처럼 맛있는 음식들이 차려지고 많은 사람이 북적거렸다. 철부지 어린 마음에는 집안 어른들에게 슬픈 일이 일어났다는 것을 감지했을 뿐, 누구나 피해 갈 수 없는 죽음의 의미에 대해서는 깊이 알지 못했다.

삼베옷을 두르고 꽃상여 뒤를 따르시던 아버지도 할아버지처럼 이미 오래전 세상을 떠나셨고, 영원히 내 곁에 계실 것만 같던 친정어머니도 늙고 병들어 두 해 전, 생을 마감하셨다.

젊어서는, 나에게 죽음이라는 것은 아득히 먼 훗날의 일이고 남의 일이라 여겼다. 나이가 들고 내 주변 사람들의 죽어가는 모습을 자주 접하면서, 인생은 그 누구도 비껴갈 수 없는 유한의 세계를 맞는다는 것을 다시 깨닫기 시작했다.

사람이 태어나서 늙고, 병들고, 죽음에 이르는 과정을, 부와 어느 권력인들 피해 갈 수 있었던가. 젊음이 사그라지는 안타까움, 대책 없는 질병의 고통, 그리고 내 육신이 사라진다는 죽음의 세계, 이 모든 사실은 실로 나에게 두려운 일이 아닐 수 없다.

내가 종교를 갖게 된 것도 그러한 두려움을 절대자에게 의지하여 내 안의 평안을 찾기 위한 몸부림이었을지도 모른다. 언젠가는 내가 티끌이 되어 흔적 없이 사라진다 해도, 사후의 영생만은 믿고 싶었기 때문이다.

고인이 된 삼성 기업의 창업주 이병철 회장은 타계하기 한 달 전, 천주교 신부를 통해 현답을 듣고자 24개 항목의 종교적 물음을 남겼다. 우리 죄를 대신한 십자가의 죽음과 인간의 생로병사, 하느님의 존재와 과학과 관련한 영생의 여부에 관한 것들이었다.

물질적으로 부족함이 없었던 그도, 절박한 죽음 앞에서는 여느 사람과 다를 수 없었다. 인간을 사랑한다면서도 왜 우리에게 고통과 죽음을 주는가? 라는 하느님을 향한 슬픈 저항이었을지도 모른다. 아니면 그가 가슴으로 이해할 만한 현명한 대답을 얻어, 덧없는 인생을 위로받고 평안을 찾고 싶었던 것은 아니었을까. 영생에 대한 욕망은 생에 대한 애착이자 인간 본능이다.

성서에 의하면, 창조주는 흙으로 빚은 당신의 모상貌相에 숨을 불어넣어 사람을 만드셨다 한다. 그러나 영생을 누릴 수 있었던 인간들이 아담의 죗값으로 에덴동산에서 쫓겨나고 실낙원의 고통과 생로병사의 질곡을 벗어날 수 없게 되었다.

아담의 자손들은 구백 살을 훌쩍 넘겨 살았다. 하느님 관점에서 보면 잠깐 살다간 이들이지만, 우리 인간 세상에서 본다면 대단한 장수를 누린 것이다.

얼마 전, TV 방송으로 생명공학 발전에 대한 특집을 방영한 적이 있었다. 신의 언어라는 A, G, T, C 4개의 염기, 유전자(DNA)를 주제로 한 내용이었다.

성인 남성의 세포 수는 60조에서 100조 정도인데, 하나의 세포에는 30억 개의 염기체가 존재한다고 한다. 그 길이는 무려 지구 둘레를 250만 번이나 회전할 수 있는 엄청나게 긴 길이다.

염기 서열 하나만 달라도 돌연변이가 생성되므로 지구상의 70억이 넘는 인구는 똑같은 모습을 갖고 태어날 수가 없는 일이라 한다. 더욱이 음식, 운동, 환경 등 후천적 지배를 받고 살아가는 인간들은 일란성 쌍둥이라 하더라도 똑같은 질병을 앓거나 똑같은 수명일 수 없다는 것이다.

창조론에, 인간이 신의 계획에 따라 만들어졌다고 하지만, 이제는 인류 생명공학의 발달로 인간 자신의 운명을 스스로 계획할 수 있게 되고, 나아가 지구의 미래도 결정할 수 있게 되었다 한다.

본인의 질병을 예측하고, 우량한 유전자만을 골라 인위적으로 건강한 맞춤 자녀도 생산하게 되었다. 거부반응이 없는 본인의 세포로 유도 만능 줄기세포(IPS)를 만들어, 병든 장기 대신 맞춤형 장기를 이식 도입하는 수준까지 이른 것이다. 장수하는 사람들의 세포 복제 활용으로 수명을 연장하며, 사람의 어떤 세포로도 제 몸을 디자인하는 일들이 머지않은 일이라 한다.

생명의 언어인 유전자를 이해한다면, 멸종되는 생물도 복원하고 스스로 몸을 디자인하는 시대가 시작된 셈이다. 미래에는 모래시계 되돌리듯, 신체 노화의 시계를 되돌릴 수 있는 기적을 만들어 갈 것 같은 세상이다. 그러나 내 생전에는 혜택받기가 어려운 일인 듯싶어 아쉽다.

영생永生의 낙원, 에덴동산의 완벽한 인간을 꿈꾸며 오늘도 냉동 보존 대기자들이 이어지고 있다. 모든 피를 빼내고 세포

동결 방지를 위한 특수 부동액을 투입하여 영하 72도에서 냉동 캡슐로 보관된 시신이 100명이 넘는다고 한다. 2050년쯤, 미래에 다시 깨어날 거라 믿으며 과학이 자신을 되살리기를 기다리고 있다.

영생까지는 아닐지라도 아담의 자손들 수명만큼만 살 수 있다면, 인간은 그것에 만족하며 삶의 욕망을 잠재울 수 있을까? 창조주의 절대적 영역까지 침범하는 거침없는 인간의 행위가 아담의 또 다른 죄의 싹은 아닌지, 신은 오만한 우리 인간들에게 과연 무한한 자비만을 베풀어 주실 것인지 궁금하고 염려스럽다.

나를 떠나지 않은 구슬핀

햇빛 밝은 창가에 앉아 한가로이 거울을 비춰본다. 건너온 세월이, 훈장처럼 깊은 골로 팔자 주름을 새겨 놓았다. 훑어 내려가던 거울 속으로 자글자글한 목주름이 세세히 드러나 흠칫 놀란다.

'어느새 이렇게까지….'

거울은 탄력을 잃고 초라해진 나에게 더는 젊은 시절에 미련을 갖지 말라는 최후의 통첩을 보냈다.

겁 없이 드러내던 가련한 목덜미가 움츠러든다. 햇빛의 자외선이 피부를 늙게 하는 요인이라니, 한여름 볕이 무서워 옷깃을 세우고 옷핀을 꽂고 나선다. 팽팽하던 바지 고무 단이 내

목주름마냥 늘어져 허리춤에서 흘러내릴 듯 헐겁다. 바지 허리에도 옷핀을 꽂아 맨다.

수십 년 습관처럼 해오던 화장이나 옷차림에서 이제는 얽매일 곳이 없다는 자유로움이 참 편하고 좋다. 늘어진 내 얼굴보다 늘어지려고 하는 은퇴 후의 내 매무새가 더 경계해야 할 일은 아닐까?

단추 사이로 속옷이 내비쳐 옷핀을 꽂는데, 혼수로 가져온 보석 브로치를 쓰시라며 며느리가 채근한다. 그 격에 맞는 옷차림을 하고 나갈 일이 이제 없다는 것이 현실이다.

그렇다 해도 나들이옷에 옷핀을 함부로 꽂는 것은 내가 보아도 그리 좋은 모양새는 아닌듯하다. 부담 없는 가격의 예쁜 핀을 구할 요량으로 시내 가게에 들렀다. 가느다란 구슬핀은 옷핀처럼 한 몸체가 아니고 뚜껑이 분리되어 있었다.

모임 시간에 맞춰 총총걸음으로 집을 나서던 날, 구슬핀을 스카프에 꽂다가 핀 뚜껑을 놓쳤다. 작은 금속 핀 뚜껑은 시멘트 바닥을 한번 튕기고는 어디론가 꼭꼭 숨어 버리고 말았다. 한 번도 쓰지 못하고 없어진 게 몹시 허망했다. 보석 브로치였더라면 어쩔 뻔했나. 아쉬운 마음에 발길이 영 떨어지지 않았다. 쓸모없는 반쪽이 되어버린 핀 몸체지만 버릴 수가 없었다.

그날 밤, 바람이 세차게 불었다. 사람 발길이 많은 곳이어,

잃어버린 핀 뚜껑을 체념했다. 그런데도 자꾸 미련이 남는다. 혹시나 하는 마음에 잃었던 자리를 다시 찾았다. 허리를 낮추고 한참 동안 살폈지만, 뚜껑은 보이지 않고 사람들 시선만 따갑다.

그만두자며 포기하려고 돌아서는 순간, 아주 작은 금속 물체 하나가 반짝였다. 그 구슬핀 뚜껑이었다. '아, 네가 여기 있었구나! 여기에 아직 그대로 있었어!' 잃었던 아이를 찾은 기분만큼이나 기뻤다. 나도 모르게 탄성을 질렀다.

깜깜한 이틀 밤을 꼼짝 않고 기다려 준 핀 뚜껑이 너무 고마웠다. 뚜껑은 다시 제 짝과 주인을 만났다. 설령 찾지 못한다 해도 부담 없을 핀이었는데, 구슬핀은 나와 헤어질 수 없는 운명이었던가 보다.

핀은 오늘도 이곳저곳에서 보석 브로치 못지않게 빛을 내며 나에게 말한다.

'모든 걸 쉽게 체념하지 마세요.
주름진 목도 자신 있게 드러내요.
체념하기에는 젊음이 아직 아쉽잖아요?'

어느 날 갑자기

그는 소박한 용모에, 성서 필사를 두 번씩이나 하며 교회 단체 활동도 많이 하는 신앙심 깊은 사람이었다. 술을 워낙 즐기기 때문에 아내를 걱정하게 만드는 일은 종종 있었지만, 농장 일도 열심히 하며 집안일도 곧잘 돕는 성실한 남편이었다. 형제간과 이웃 간에도 정을 베풀어 그를 가까이하는 사람이 많았다.

그는 자기 뜻을 굽히지 않는 고집스러운 성정이 있다. 옳다고 생각하는 자기 행동이나 의견을 절대 굽히지 않는 고집, 나는 그것이 그의 소신이라고 생각했다. 그런 그가 내 남편의 뜻에는 언제나 절대적으로 따르며 좋아했다. 팔이 안으로 굽는다고, 그런 일들이 내가 그에게 호감을 느끼게 된 이유가 되었는지도 모른다.

그가 단순히 고집 세고 술 잘 먹는 사람이라는 인식에서 그의 진지한 내면을 새롭게 발견하던 계기가 있었다. 오래전, 부부 모임의 나들이가 있던 그날도 일찌감치 술기운에 젖은 그는 달리는 버스 안에서 노래나 객담을 즐기려는 만인의 취향도 불사하고 마이크를 독점한 채, 일장 한국 역사 강의를 시작했다. 정사와 야사를 넘나들며 정확한 연대까지 거미줄 뽑듯, 줄줄 엮어내는 그의 통찰력과 암기력을 보며 나는 깜짝 놀랐다.

장난기 어린 야유의 술잔이 오갈 때, 불편한 심기의 아내가 눈치 없는 그를 제지하느라 눈을 흘기고 얼굴을 구겼지만, 그녀의 말을 들은 채도 않고 그는 꺾이지 않는 의지로 지칠 줄 몰랐다. 존경스럽다는 칭찬에 내 진심을 고마워하던 그의 아내는 아무리 취해 들어오는 날에도 성서 쓰기는 멈추는 일이 없다며 힘주어 그를 두둔하기까지 했다.

경제적으로 어렵지 않으니 큰 아파트를 사서 편리한 생활을 할 만도 했지만, 그는 부모가 살던 단독주택에 살기를 고집하며 살았다. 해마다 수백 포기가 넘는 김장을 하여 동기간과 지인들에게 나눠 주는 따스한 인정도 그의 철학 있는 고집이기도 하다. 종종 우리를 찾아와 아내의 손맛을 전하며 정을 나눌 때마다 나는 그들에게 미안한 마음의 빚만 자꾸 쌓여갔다.

김장 하던 그날도 그는 기도 회합을 마치고 만취해 들어왔단다. 종일 고단한 아내가 일찍 자려 하는데 또 술상을 차리라고 호기를 부리니 짜증도 났겠지만, 따끈한 찌개에 술상을 대령하는 일은 수십 년 그녀의 몸에 밴 일이었다.

그날 늦은 저녁에 김치를 싣고 우리 집에 오겠다는 그의 전화를 받은 내 남편이, 취한 그를 만류하느라 실랑이를 벌였다. 사랑하는 형님께 당장 맛보게 하고 싶다는 그가, 취중에 운전대를 잡겠다며 아내 속을 태우고 있어, 내 남편이 서둘러 차를 몰고 그의 집으로 갔다.

대문 밖 가로등 밑에서 비틀거리는 몸으로 바람에 날리는 노란 은행잎을 쓸어 담던 그가, '오늘 밤 형님과 술 한 잔 꼭 해야 한다.' 며 막무가내로 붙들더라는 것이다. 사모님 보기 미안해서 얼른 돌아왔다며 남편은 김치 통을 들여놓았다.

다음 날 아침, 한 통의 전화를 받던 내 남편이 "이게 무슨 일이래, 이게 무슨 일이야." 하며 허둥지둥 옷을 들고 나가더니, "미카엘이 죽었대. 미카엘이!", "오늘 새벽에 그가 죽었대!"라고 목소리를 높였다.

장례식장 제대에 놓인 영정 사진 속에서 그는 아이 같은 웃음을 짓고 있었다. 그의 아내가 멍하니 벽에 기대앉아 넋 나간 듯 혼잣말을 하면서 두툼한 흰 봉투 두 개를 꺼내 보였다.

"막내아들 결혼 때 폐백 인사 답례로 준다고, 자기 이름과 내 이름을 써서 이렇게 챙겨놓고는…."

아내는 말을 잇지 못하고 끝내 울음을 터뜨렸다. 막내아들 결혼 날짜를 받아놓고 그렇게 기뻐하며, 주례는 형님이 꼭 서줘야 한다고 신신당부했다던 그가, 아들 결혼 일주일을 남겨두고 그렇게 떠났다.

"어제 마지막 인사를 하려고 그렇게 나를 불러냈던가."

막무가내로 붙드는 그를 억지로 떼 내며 정담도 나누지 못하고 돌아왔던, 그와의 마지막 만남을 떠올리며 내 남편은 목이 메었다.

그가 필사한 노트 속의 성경 말씀은, 술의 기운에도 불구하고 시작과 끝까지 한 치의 흐트러짐도 없이 반듯하게 씌어 있었다.

사랑할 것은 오직 그 말씀들뿐이었다는 듯이.

제6부

산비둘기는 내 마음에서 울고

나의 시 작은어머니

정오를 한참 넘긴 해가 서편에 기울어 오늘 남은 빛을 소진하고 있다. 하루가 다르게 햇살의 기운이 옅어 지고 있는 깊은 가을이다.

이산가족상봉 중계로 내내 떠들썩하던 TV를 끄고 나니, 갑자기 적막한 기운이 밀려온다. 점심 모임에 나가던 남편이 끼니 거르지 말라는 당부를 했음에도 혼자가 되면 또 이렇게 소홀한 식사가 되고 만다. 기분도 울적하고 배도 그리 고프지 않아 때를 훌쩍 넘겼다. 젓가락에 말려진 면 가닥이 영 입맛을 끌어내지 못한다. 혼자 먹는 늦은 점심이 휑한 외로움까지 몰고 오는데, 시 작은어머니는 수십 년을 늘 이렇게 혼자였다.

경색된 남북 관계 개선을 위해 오랜만에 합의된 이산가족상봉 행사가 어제부터 진행 중이다. 단 몇 시간의 짧은 만남으로 60여 년의 기나긴 생이별의 한을 풀어놓으라는 것은 너무도 잔인한 일이다. 분단의 장벽처럼 버스 창문을 사이에 두고 서로의 손을 꼭 붙들고 놓지 못하는 노부부의 모습이 애처롭기 그지없다.

이제 그렇게 돌아가면 영영 마지막이 될지도 모르는 작별의 순간이다. 이후 저들이 더 애절한 그리움으로 잠 못 이루며 남은 세월을 더한 고통 속에 빠지지나 않을까 마음이 저린다. 온종일 TV와 말동무 삼는 작은어머니도 이 방송을 보셨을 텐데, 지금 어떤 심정이실지 차마 전화 드리기가 두렵다.

아직도 7만 명 가까운 고령자들이 신청 대기 중이고, 이번 우리 측 상봉대상자는 200명 정도라 한다. 그동안 몇 차례 이산가족상봉 신청을 했지만, 답답할 정도로 연락이 없었다. 작은어머니가 명단에서 아예 빠진 적십자 측의 실수 아니냐는 추궁을 했더니, 무작위 추첨이라는 실무자의 대답만 돌아왔다. 로또 확률 같은 허망한 기분이 들었다.

고령의 많은 이산가족이 돌아가시기 전에 서로 얼굴이라도 볼 수 있게 행사 빈도나 대상자 수를 늘려야 하지 않을까, 조급한 마음이 든다. 최소한 편지라도 자유롭게 오갈 수 있도록 해야 하는데, 비통한 심정에 있는 이산가족들의 처지를 우선 순위에 두지 않는 남북 서로의 이념적, 정치적 입장이 참 안타까울 뿐이다.

제 아비의 얼굴도 기억하지 못한 채, 남겨진 세 살배기 아들은 북으로 헤어진 신혼의 남편이 남긴 유일한 혈육이었다. 손끝 야문 여인은 바느질 솜씨를 도시 생활의 생계 수단으로 삼으며 무정한 세월을 보내야 했다.

장성한 아들이 새로운 가정을 이룬 뒤, 며느리 배 속에서 자라고 있던 첫 생명은 망망대해에 남겨진 여인에게는 밝고 큰 등대였다. 그러나 신은 비정했다. 여인에게 따뜻했던 봄날도 잠시, 운명의 신은 끔찍한 사고를 통해 아들과 며느리, 그리고 남편의 대를 이을 어린 피붙이까지 모조리 앗아갔다. 하늘이 무너지는 비통함에 자신의 삶도 같이 부숴버리려 했지만, 여인의 생명줄은 쇠심줄보다 더 질겼다.

꽃가마 타고 남편을 따라 시집 마을의 언덕을 넘을 때, 열아홉 색시는 이 조삼재가 홀로 다시 오를 눈물의 길이 될 줄 알지 못했다. 쉰다섯의 나이로 신혼의 고향 집을 찾은 여인은 언젠가는 북의 남편을 꼭 만날 수 있을 거라는 희망을, 살아야 하는 이유로 삼으며 호미를 움켜쥐었다.

15년 전, 나의 시아버님 기일에 칠순이 훌쩍 넘은 작은어머니는 분단장에 붉은 입술로 갓 시집온 새댁의 모습을 하고 우리 집에 오셨다. 그해 이산가족 찾기 행사에 다녀온 친척을 통해 들은 시 작은아버지의 생존 소식은, 사그라지던 노파를 생명력 넘치는 여인으로 부활케 했다. 이제 꼭 만날 수 있을 거라는 희망이 가져다준 초인적인 힘이었다.

생사를 모르며 그리던 남편의 소식은, 반가움에 앞서 당신의 수절이 헛되지 않았다는 떳떳함을 갖게 했다. 북쪽 아내와의 사이에서 남편의 혈육을 다섯 남매나 두었다며 자랑처럼 전하던 목소리는 떨리기까지 했다. 기약 없는 이별에도 정절을 지키며 외롭고 힘들게 살아온 여인에게서 좌절감이나 남편에 대한 배신감은 조금도 찾아볼 수 없었다. 작은 어머니는 남편이 남긴 단 한 점 혈육마저 지켜내지 못했다는 죄의식으로부터 면죄부나 받은 것처럼 기뻐하셨다.

새 가정을 꾸린 작은아버지 소식이 내 남편의 배신인 양 심한 박탈감과 야릇한 분노마저 일었다. 내 기분을 이해나 하는지, 남편은 작은아버지를 이제 곧 만나 보게 될 거라는 희망만을 이야기했다. 조국 분단으로 희생된 그들의 운명에 그 누구도 탓할 수 없는 그저 무기력한 현실이다.

큰조카인 내 남편의 식성이나 성격이 작은아버지를 많이 닮았다며, 북의 남편을 향한 그리움의 끈을 어디에든 연결 지어

보려 애써 말씀이 많으셨다. 작은어머니는 조카들 앞에서 상기된 얼굴에 짧은 신혼 시절의 남편에 대한 회상으로 밤이 깊어 가는 줄을 몰랐다.

그러나, 곧 만날 수 있을 거라는 부푼 기대는 일방적인 그리움만 남기며 다시 기약 없이 이어졌다. 눈물겹도록 휘어가는 세월은 피멍으로 얼룩진 채 또다시 하루, 이틀, 한 해, 두 해 지쳐만 갔다. 남편은 작은아버지가 고위직에 있었다는 정치적 이유가 혹시 걸림돌이었을 것이라는 옹색한 추측으로 애써 작은어머니를 위로하려 했다.

신혼의 첫정을 쉬 잊을 리 없으련만, 북쪽에 있는 가정에 불화를 우려하여 신청조차 하지 않은 것은 아닌지, 나는 상상만으로도 분노가 일었다. 작은어머니는 얼굴에 패인 주름의 골보다 더 깊은 상처 하나를 가슴에 또 새기지는 않으셨을까.

무상한 삶에 허탈한 여인은 이제 한낱 바스러져 가는 가랑잎이 되고 있다. 끝내 돌아올 리 없는 남편인데, 한 번뿐인 생을 허무하게 빼앗긴 가련한 이 여인의 삶은 어디서 무엇으로 보상받아야 한단 말인가!

스산한 가을, 저무는 햇살만큼이나 쇠잔해진 구십 고개의 작고 초라한 작은어머니. 눈물도 말라버린 여인의 애잔한 모습이 고적한 내 점심의 식탁에 진한 아픔으로 겹친다.

철없던 나의 개똥철학

나는 지금 쉼 없이 내달리는 시간 앞에 아무런 저항도 못 하고 있다. '현재'라는 것은 엄밀히 말하면 불가에서 말하는 찰나의 정점보다도 더 짧은 순간일 것이다. 그것은 끊임없이 과거의 시간으로 밀려가고, 그 자리에는 또 미래의 시간이 흘러온다.

인생 고뇌의 깊이도 모르고 친구들과 어울려 놀기 바쁘던 열두 살 무렵의 나는, 집 앞 길가에 혼자 쪼그리고 앉아 가끔 엉뚱한 생각을 하곤 했다. 멀리서 내 쪽으로 걸어오는 한 사람을 지목해 놓고, 그가 내 쪽으로 오기 전까지의 시간은 미래고, 나를 지나치는 순간은 현재다. 그리고 저만치 멀어져 간 그의 모습을 과거의 시간으로 규정하며 나만의 생각에 빠졌던 '시간 놀이' 라는 것이다. 어린 마음에도 자꾸 옛일이 되어버리는 순간들을 안타깝게 여기며 덧없어했을까?

나의 이런 개똥철학은 중학생이 되어서도 버릇처럼 이어갔다. '자유롭고 느긋한 방학이 시작되는 내일은 미래에 있다. 뙤약볕 운동장에서 교장 선생님의 지루한 훈화를 듣고 있는 지금은 현재다.' '이 방학도 또 금세 과거의 시간으로 흘러가겠지.' 발장난을 하며 지루한 훈화를 듣던 그 날의 현재도, 또 미래였던 한 달간의 방학도, 벌써 이렇게 수십 년, 먼 과거의 시간으로 묻히고 말았다.

자유당 시절의 젊은 정치인이었던 이철승 씨는, 야당 성향이 짙던 내 고향에선 우상의 인물이었다. '못 살겠다, 갈아보자.' 며 외쳐대고, 집권당인 자유당 사람들을 모두 부패한 인간들로 비판의 대상으로 삼았다. 어른들의 정서가 초등학생이던 나에게도 그대로 투영되면서, 정의를 부르짖는 사람들은 대단히 훌륭한 사람들이라 여겼다.

똑똑한 그 정치 후보가 트럭 위에서 불끈 쥔 주먹을 들어 올리며 마이크에 핏대를 올릴 때, 신작로 네거리에 모인 군중 사이에서 나는 그가 영웅 같다는 생각보다 고생 많을 그의 가족을 먼저 떠올렸다. 그리고 어린 마음에도 절대 정치하는 사람의 아내는 되지 않겠다는 생각을 했다.

개인 재산을 털어 선거에 돈을 쓰던 시대였다. 누구는 무슨 선거에 나와서 집까지 팔아 전 재산을 말아먹고, 누구는 전답을 팔고, 누구는 빚으로 알거지가 되었다는, 하나같이 패가망신한 이야기였다.

그 무렵 외가에서는 막내 이모의 결혼을 앞두고 몹시 분주했다. 어머니가 가져온 이모의 약혼 사진에 찍힌 낯선 남자는, 나에게 전혀 호감을 느끼게 하지 못했다. 남성미를 모르던 어린 눈에, 이모는 왜 이런 남자와 결혼을 하는 걸까? 이렇게 생긴 남자와 어떻게 같이 지낼 수 있을까? 이해할 수 없었다.

그때 나는 정말 예쁘게 잘생긴 남자와 결혼하겠다는 생각을 했다. 눈썹도 짙고, 코도 반듯하고, 눈도 멋진 배우 같은 사람이 내가 원하는 남자의 기준이었다. 그런 남자라면 평생 즐거운 마음으로 살 것 같았고, 아무리 힘들어도 무슨 일이든 할 수 있을 것이라는 맹랑한 의지를 세우기도 했다.

운명처럼 내 앞에 그런 남자가 나타났고, 첫눈에 그만 마음을 빼앗겼다. 그리고 그 남자와 결혼하여 마흔여섯 해 동안 그의 곁에 있다. 그런데, 그런 사람이라면 무엇이라도 할 것 같았던 그때의 내 마음이 터무니없는 일이었음을 깨달았다. 그 잘생긴 남자의 생각 위에 내 고집을 올려놓으며 그를 위해 헌

신하겠다는 생각은 텅 빈 공약空約이 되어 가곤 했다.

선출직 남편의 아내가 되지 않겠다는 오지랖 넓던 각오는 용하게도 두 번씩이나 현실로 내게 찾아왔다. 그러면서 한 번은 애간장을 태우고 또 한번은 여지없이 뒤흔들어 나락으로 내려놓더니, 나를 울리고 철들게 하며 내가 그토록 염려했던 그런 일들을 운명적으로 만들어 갔다.

그러나, 언제나 내 곁에 머무르며 함께하던 수많은 '현재'의 시간만은 강산이 일곱 번이나 변하는 동안에도, 과거의 시간 속으로 묻혀 가는 일을 단 한순간도 어기지 않았다. 쉼 없이 그렇게 흘러가고 있는 불변의 그 일만은, 나의 철없던 개똥철학이 아니었더라도 태초부터의 진리였다는 것처럼 말이다.

목련꽃처럼 짧은 봄날

딸아이가 성급하게 여름옷을 찾습니다. 입고 나갔다 온 잠바를 훌렁 벗어 버리고는, 더워 못 견디겠다는 듯 샤워를 해댑니다. 작년 여름 끝자락에 정리해 넣어 둔, 어깨 없는 홑옷을 꺼내 입고는 이제 살 것 같다는 표정입니다. 봄이 언제 왔다 간 것인가요? 엊그제까지도 감기 걱정하며 고집스럽게 잠바를 입혔는데 말입니다. 덥지 않은 아침 바람이라 봄 코트를 입고 나선 오늘, 나도 등줄기에서 끈적거리는 땀 줄기를 느끼며 여름 같은 한낮 기온에 혼이 났습니다.

늦도록 애용했던 겨울옷들을 며칠 전에야 세탁소로 보냈습니다. 봄옷을 챙겨 볼까 했는데 여름옷들이 다 나와 버렸습니다. 입지도 않은 봄옷들을 그대로 일 년 더 잠재워야 할 모양이지만 내년에도 또 이러하지 않을까 싶습니다. 봄옷은 부지런하고 멋을 아는 이들만 입을 수 있는 계절의 옷인가 봅니다, 굼벵이 추위 타듯, 내의도 못 벗는 나는 봄 멋 부릴 새도 없이 성큼 여름으로 건너뛰게 생겼습니다.

지구가 이상기온으로 오만한 우리 인간들에게 자꾸 경각심을 주고 있습니다. 그런데도 우리는 자꾸 남의 일처럼 외면하려 합니다. 겨울이 가면 새봄이 오고, 그 봄 가면 여름 오며, 가을 지나 알맞게 차려오던 살기 좋은 우리네 사계절이 이제 흘러간 옛 노래가 되어 버린 것은 아닐까요?

지난주, 어느 길목 담장을 환하게 뒤덮고 늘어진 노란 개나리 덤불을 보았습니다. 그 노란 꽃잎들을 볼 때면, 어릴 적 국어책에 실렸던 삽화와 동시가 맨 먼저 떠오릅니다. 노란 꽃 한 잎 입에 물고 종종걸음으로 어미 뒤를 따르며, 개나리 꽃그늘 아래로 봄나들이 가던 앙증맞은 병아리 떼 모습 말입니다. 손에 잡힐 듯 지워지지 않는, 환한 내 동심의 그림입니다.

이제 봄이 오려나 했습니다. 그런데 난 아직도 온전히 봄을 맞을 채비를 못 하고 둔감한 채 있었습니다. 구례 산수유 마을의 소식과 함께 서둘러 들썩거리던 벚꽃 소식도 방안에서만 듣고 있습니다. 천지에 노란 물감을 뿌려놓은 그 장관壯觀을 아직 난 한 번도 여유롭게 느껴보지 못했으니, 삭막한 감성의 여인인 셈입니다. 그렇게 봄기운에 둔한 내 생각에도 이번 벚꽃 행사 소식만은 예년보다 빠른 것 아닌가 싶기도 합니다. 하기야 춘삼월에도 눈이 내린 적이 있는데, 이상 기온 따라 그때그때 내숭 없이 피겠다는 벚꽃들을 철없다 할 수도 없는 일이지요.

미사를 마치고 돌아오는 길에 만 보 걷기 운동량을 채우려고 공원의 야산에 올라 정수장 트랙을 돕니다. 벚꽃, 매화꽃, 진달래꽃이 그루마다 활짝 피어 나를 홀립니다. 티 없이 아름다운 그것들을 보고서야 겨울잠에서 깨어난 듯, 봄이 벌써 와 있었음을 알아차립니다.

"야, 좋다.", "와, 예쁘다."

그 말밖에는 그들에게 보낼 찬사를 찾지 못하고 맙니다,

"쑥이 제법 올라왔네요. 다음번엔 시간 내서 쑥 좀 캐고 가지요."

이어폰을 낀 채 '마사이족' 흉내로 한발 앞서가던 남편이 엄지와 검지를 모아 동그라미를 만들어 보입니다. 사랑스러운 연둣빛 어린잎과 봄꽃들의 화사함이 그이의 눈길엔들 비켜 갈리 있었겠어요? 파스텔 톤의 아름다운 이 봄날의 채색을 그대로 화폭에 옮겨가고 싶습니다.

수줍은 어린 처녀 가슴으로 봉긋하게 무리 짓던 목련 꽃봉오

리들이 어느새 만개하더니, 일주일 만인데 낙화가 많습니다. 여러 운동화에 짓눌린 순백의 목련 낙화는 죽은 핏빛으로 뭉개져 있습니다. 긴 동면을 깨고, 고고하고 순결한 봄빛을 전해주려 했던 목련의 삶이 인생무상보다 더 애달파 보입니다. 목련은 빛도 못 본 나의 봄옷처럼 짧은 그 봄날을 다시 기약하며 발밑에서 조용히 인내합니다.

죽은 듯 겨우내 서 있던 가지 사이로 초록의 아기 손들이 손짓합니다. 여린 초록 잎은 청년 같은 푸른 몸짓으로 어느 순간 나를 또 놀라게 할 것입니다. 그러나 아직 남아있는 나의 봄날을 만끽해 보렵니다. 뒤따라 불꽃같이 피워낼 철쭉꽃들도 절정의 봄날을 수놓을 채비를 하며 저렇게 터질 듯 부풀어 있으니까요.

목련꽃처럼 짧은 봄날, 그래도 생명의 순환은 어떤 형태로든 이 봄날로부터 계속될 것입니다.

종부로 사노라면

돌아가신 지 40년 가까이 되는 시아버님의 제사를 며칠 앞두고 있다. 개인 형편 때문에 두어 해 참석하지 못했던 막내 서방님까지 이번에는 모두 오겠다는 연락이 왔다.

남편은 아들이 입사한 뒤로는, 정신없이 바쁜 회사 일로 할아버지 제사에 참여하지 못하는 것을 늘 섭섭하게 생각하면서도 그 입장을 이해했다. 그나마 명절에는 빠지지 않고 꼭 내려와 설 전날이 기일인, 할머니 제사에 꼭 참여하는 아들이었기 때문이다.

그러면서도 아버님 제사 때만 되면, 종손자인 당신 아들이 '할아버지 제사만큼은 꼭 참석해야 하는데.' 라며 아쉬움을 나타내곤 한다.

"요즘 회사 분위기도 그런데, 이번 아버님 기일에 아들네를 꼭 참석하라고 해야 하나요?"

청년 취업난에 입사경쟁도 치열한 요즘이고, 탄핵 정부에 사주까지 어려움에 있는지라, 근무가 불성실하여 아들이 혹여 업무 태만으로 비칠까 염려가 되었다.

"작은아버지들도 모두 오시는데, 장손자가 할아버지 제사에 참석하는 것은 당연한 일 아냐?"

"저녁 차로 왔다가 새벽에 올라가면 되지."

"아이들 학교도 보내야 하고, 새벽차로 간다 해도 아비는 회사 일을 제대로 못 할 텐데요."

"그렇지 않아도 날마다 피곤한 아이인데…."

밤낮없이 애쓰는 아들이 제사에 왔다가 새벽에 가면 종일 힘들지 않겠나 하는 생각뿐이었다.

"혼자만 새끼 위하는 양, 어미가 되어서 아이들을 그렇게 가르치니, 쯧쯧."

남편은 내가 아들 옹호만 하는 것처럼 비쳤는지 못마땅하다는 심사를 보였다.

대기업이란 곳이 다른 직장보다 비교적 고액의 연봉을 준다지만, 아들은 주말도 없이 일할 때가 많았다. 잠자고 있는 아이들 얼굴만 보며 출퇴근했던 신입 시절에 비하면, 지금은 융통성 있게 휴가도 즐기는 형편이 되었지만, 중견의 자리라는 것이 책임감은 더 크게 마련이다.

아들의 건강이나 회사 형편을 염려하는 마음이야 나 못지않을 남편이지만, 차례나 제사 등 조상 숭배의식에는 종손의 책무를 유독 강조하는 남편이다.

"아이들 학교 때문에 며느리는 그렇다 해도, 아비는 왔다 가야지!"

'형제들끼리 모여 지내면 되지, 바빠서 못 오는 아이를 꼭 마음 무겁게 해주느냐.' 는 내 주장에, 원론적인 이야기만 하는 남편이 답답하여 나는 자꾸 토를 달았다.

"제사형식이 뭐 그리 중요해요?"

해마다 달력에 동그라미를 그려가며 두 명절과 재취 댁 고조모님을 포함한 아홉 분의 제사를 모셔오던 고달픔이, 퉁명스럽게 엉뚱한 곳으로 화살을 쏘았다.

"형식이 바로 정신이고, 그런 마음이 다 복 받는 일이 되는 거야!"

"지금까지 불평 없이 잘해 와 놓고, 느닷없이 왜 그래?"

뿌리 없는 나무 없다면서, 요즘 같은 세상일수록 피를 나눈 친족들이 모여 유대를 갖고 조상을 추모해야 한다며, 남편은 또 제사의 의미를 역설했다. 그러나 모든 것이 급속히 변해가는 시대요, 살기 바쁜 세상이거늘, 먹고 사는 각자의 형편들이 그 제사의 참 의미를 충족시킬 수 있느냐는 말이다.

"나도 이제 나이가 들어서 허리도 아프고, 무릎도 아프고, 갈수록 정말 힘들어요."

직장 일을 병행하며 네 명의 아이를 양육하면서도 그동안 힘들다는 말없이 선영 모시기를 정성껏 해온 내가, 엇박자를 내며 투정을 부렸다.

예전에는 떡도 집에서 일일이 장만하며 음식도 제사의례에 맞춰 빠짐없이 넉넉히 해야 했다. 오늘은 무엇을 사다 놓아야 하나, 내일은 또 무엇을 준비해야 하나 등등, 머릿속이 항상 무거웠다. 이부자리도 살펴야 하고, 대청소도 해야 하고 제기도 챙겨 놓아야 한다는 사전준비는 해마다 똑같은 걱정을 하게 했다.

그래도 시어른들이 계실 때는 오셔서 거들어주시기도 했고, 무엇보다도 내가 젊었으니 일이 무섭지 않았다. 동서 간에는 건강과 종교적 이유로 또는 원거리 생활전선에서 각자의 형편들로 인해 책임은 언제나 종부인 내 몫이었다.

그런 나를 늘 안타까워하시던 시 작은어머니는 모든 제사를 합동으로 모실 것을 조카인 내 남편에게 누누이 권하셨지만,

그때마다 남편은 미온적으로 대답만 하곤 말았다. 마누라가 힘들겠다는 안타까운 마음을 가지면서도 마음은 마음이고, 나이 들어갈수록 더 조상숭배에 완고한 의식을 갖는다.

이제는 제사나 명절에 당신의 형제는 물론, 그 후손들까지도 다 모이기를 원한다. 대가족이 모여 한바탕 치러내는 큰일이 내 늘그막에 어디 단순한 남자 생각처럼 수월하기만 한 일이던가. 답답함에 볼멘소리가 톡 튀어나왔다.

"그렇다면 이제 제사도 추모제 의식으로 간소화해서 치러요."

전처리, 후처리 등 제수 준비과정의 일도 만만치 않지만, 요즘같이 고물가 시대에 경비 또한 무시할 수 없는 일인데, 남편은 아는듯하면서도 내 속사정을 모른다. 오죽하면 제사 지내다 종손 집 기둥뿌리 빠진다는 옛말도 있었겠는가.

"어찌했건 요즘 회사 분위기도 그러하니, 아들더러 오지 말라고 좀 해요."

"조상이나 부모를 섬기는 일도 몸에 배야 하는 것이야!"

"그렇게 보고 자란 자식들이 효도하는 거라고."

'효는 스스로 우러나는 마음이 중요한 것이지, 강요한다고 효도 하는 건가 뭐.'

말꼬리를 내리며 구시렁거리듯 혼잣말을 하는데, 남편이 막

내 시누이 내외의 예전 이야기를 또 꺼냈다.

빙판길 정체된 고속도로를 서울에서부터 열네 시간씩이나 운전하면서도 명절이면 빠짐없이 시골의 부모님을 찾아뵙던 시누이 남편은, 어린아이들이 잠이 취한 늦은 그 밤길에도 우리 집을 꼭 들러 내려갔다. 그것이 바로 부모의 산교육이라며 남편은 그들을 입이 마르게 칭찬하곤 했다.

명절 쇠러 오가는 길에 교통사고도 잦고 고속도로가 몸살을 앓던 때, 나는 아들이 눈길에 행여 사고라도 나면 어쩌나, 장시간 운전에 피곤하면 어쩌나 오매불망하며, 밀리지 않는 날 다녀가기를 원했다가 남편에게 크게 야단을 맞기도 했다.

간곡한 내 조바심을 이해했는지, 남편이 아들과 통화를 했다.

"요즘 너희 회사 분위기도 그러하니, 근무 잘하고 이번에는 내려오지 마라. 그렇다고 참석 못 하는 것을 당연시해서는 안 된다."

'종손과 종부는 하늘이 내린다.'는 시어른들의 말씀은, 문중의 모든 일을 당연한 일로 받아들여 꾀부리지 말고 성실히 책임을 다하라는 말씀이었다. '어동육서魚東肉西', '좌포우혜左脯右醯', '조율이시棗栗梨柹', '홍동백서紅東白西', '두동미서頭東尾西' 하며 각각의 음식을 홀수로 쌓아 올리고 자정을 넘겨 철상하던 제사의식을, 자식들이 요즘시대에 비합리적이라고 생각할지 모른다. 그러나 그들이 다시 그 입장에 서면, 결국 참뜻을 이해하며 책임을 다할 종손, 종부가 될 것이다. 아들에게는 감출 수 없는 그 아버지의 피가 면면히 흐르고 있기 때문이다.

"아침에 긴급 간부 회의가 있었어요."

할아버지 제사에 참석 못 한 죄송함은 있지만, 중요한 회의에 참석할 수 있어서 다행이었다는 아들의 전화였다. 이어 며느리가 나를 찾았다.

"내려가서 도와드리지 못해 죄송했어요. 어머니 혼자 힘드셨지요?"

연휴제도도 없던 내 신혼 몇 년간의 명절 때는, 직장에서 허겁지겁 돌아와 아이들 챙겨서 이것저것 싸 들고 서둘러 가도 시댁에는 늘 늦은 시간에 당도했다. 죄송하여 조바심내던 어린 종부의 어렵고 힘들던 그 마음을 내 며느리는 갖지 않도록 해주려고 생각했었다.

그 마음이 전해졌는지, 아들이 회사 형편에 일찍 출발할 수 없었던 이번 명절에 며느리는 기특한 생각으로 며칠 동안 정성껏 음식을 마련하여, 아들, 손자와 내려와 내 수고를 덜어주었다.

아무리 시대가 급변한다 해도, 자녀는 부모의 뒷모습을 보며 자란다는 교육의 가치는 불변의 진리이지 않겠는가.

특급 장학생

별일 없으면 내일 점심이나 같이하자는 친구의 전화를 받고 시간과 장소를 정했다. 전화를 끊고 냉장고 문을 열었는데, 내가 지금 뭘 꺼내려고 하는지 도무지 생각이 나지 않는다. 남편이 시원한 물 한 잔만 달라 한다. '그래 맞아, 물을 꺼내려 했지.' 그제야 냉장고 문을 연 이유를 알아차린다.

내일 친구와 점심 먹기로 했다며 물잔을 건네는데, 태워다 줄 요량으로 어디서 만나느냐 묻는다. 아뿔싸! 식당 이름을 잊었다. 열두 시인지, 열두 시 반인지 그것마저도 헷갈린다. 바로 메모해 두지 않은 불찰이다. 나이가 들면서 사소한 일에 내 의지와 상관없이 깜빡깜빡하는 일이 늘어간다. 그래서 수첩은

필수 소지품이고 깨알같이 메모를 하는 게 일상화되었다.

오래전, 머리가 몹시 아파 서울 큰 병원에서 사진을 찍은 일이 있다. 뇌 말초 혈관이 미세하다며 예방 차원으로 혈류 개선 약을 먹으라 해서 지금까지 매일 콩 먹듯 하고 있다.

아파트 단지 주말 장터에서 빌려 간 만 원을, 한 달이 넘도록 까맣게 잊고 있는 옆집 여자를 볼 때마다 신경이 쓰였다. 치사했지만 내 정신건강을 위해 결국 내 입으로 받아 냈다. '어머머 나 좀 봐, 나 좀 봐.' 를 연발하던 여자는, 나보다 나이도 적으면서 치매 어쩌고 했다. 그런 걸 보면 내 머리는 아직 괜찮은 것 같은데, 친구에게 약속장소를 되묻자니 좀 언짢다.

전화기가 보이지 않는다. 아까 친구와 통화하고 어디에 두었는지 못 찾겠다. 완전 바보가 되어 버린 기분이다. 일부러 느긋한 척했는데 벌써 남편이 자기 전화기에 내 번호를 찍고 있다. 부엌 쪽에서 희미한 벨 소리가 나는 것 같다. 조리대 가까이에서 귀를 쫑긋해보아도 눈에 띄지 않는다. 수색대처럼 전화기를 들고 이리저리 탐지하던 남편이 냉장고 문을 열었다. 그러자 내 전화기가 울음을 터뜨린다.

내 뇌 건강에 문제가 있지 않나 은근히 걱정되던 날, '무엇이든 물어보세요.' 라며 전문의가 치매에 관한 방송을 했다. 잠시 잊었던 기억을 다시 알아차리면 그것은 건망증이고 젊은 사람들에게서도 나타날 수 있는 일이라 했다. 잊은 것 자체를 잊고 있는 것이 치매라 정의했지만, 건망증도 결코 정상적인 뇌 활동은 아닐 듯싶었다.

가족 모두가 불행해지는 치매이기에 암보다 더 무섭게 인식하는 요즘이다. 머리 정밀사진도 다시 찍어보고 치매 검진을 한번 받아볼까 싶어 슬쩍 꺼낸 말에 남편이 크게 화답한다. 내 맘 상할까 봐 말을 아꼈지만 진즉 그러길 바랐던 눈치다.

'예쁜 치매' 라는 제목의 마음 아픈 사연을 읽었다. 치매 걸린 요양원의 아버지가 "안녕하세요? 안녕히 가세요."라며 딸을 볼 때마다 몇 번이고 공손히 인사를 한다는 내용이다. 공격적인 치매나, 대변을 벽에 바르는 치매나, 가출을 일삼으며 가족을 힘들게 하는 치매에 비하면, 어린애 같은 그 노인은 정말 예쁜 치매다. '그런 치매라면 다행이겠다.' 하니 '사랑하는 가족의 정도 몰라보고 우두커니가 된 인생 자체가 이미 비참한 일인데, 예쁘고 미운 치매가 어디 있느냐.' 며 남편이 내 조기 진단을 밀어붙인다.

머리 촬영을 마치고 면접 테스트를 위해 검사원 앞에 앉았다. '사는 곳이 어디냐?', '지금이 무슨 계절이냐?' 묻는다. '세 시 반을 나타내는 시계를 그려보라' 한다. 어처구니없는 질문에 내 자존심이 꿈틀댔다. 치매기 있는 무식한 할머니 취

급을 당하는 기분이 영 유쾌하지 않았다. 건방을 떨었는지, 분침을 정확히 그려야 한다며 주의를 준다.

시계를 그리기 전 읽어준 '스무 개의 단어들을 기억나는 대로 적으라' 한다. 그게 문제일 줄 알았더라면 학창시절에 시험 치던 요령으로 신경 써서 외워둘 것을. 다 생각 날 듯한 몇 분 전의 기억이 반 토막 난다. 코웃음 칠 일이 결코 아니라는 것을 슬슬 느껴간다.

앞장에서 잠깐 보여 주던 복잡한 도형을 기억해 그려 보란다. '큰 사다리꼴 그림 속의 삼각형이 원 안에 있었던가? 원 밖에 있었던가?', '그 밑에 줄이 세 개였던가, 네 개였던가?' 헷갈린다. 만만치 않다.

'불러준 첫 글자로 시작되는 낱말을 죽 써 보라' 한다. 욕심이 앞서 마음이 급해지더니, 그 흔한 단어들이 갑자기 콱 막힌다. 당황스럽다. 다음엔 빨강이라는 글자를 파란색으로 써놓듯, 색깔을 혼동하게 하는 여러 색 이름을 늘어놓고 속독하라며 초침을 잰다. 그것도 시험이라고 검사관 앞에서 자꾸 손에 땀이 났다.

가감승제의 연산테스트를 마지막으로 한 시간 정도 걸린다던 검사는 이십 분 만에 끝났다. 밖에서 대기하고 있던 남편을 불러들인다. 나는 환자의 자격으로 앉아 있고 남편은 증인대에 선 사람이 되었다. '사모님이 해주는 반찬이 요즘 간이 짜다든가, 음식 솜씨가 예전만 못해지지 않았느냐?' 묻는다. 보호자를 의무적으로 동반하라는 이유였다. 남편이 강하게 부정하는 말투로 "아니요."라며, '요즘 더 맛있게 요리한다.' '실력이 훨씬 늘었다.' 고 대답한다.

내가 생각해도 젊었을 땐 경험도 부족했지만, 직장에 매여 늘 시간에 쫓기다 보니, 제대로 요리라고 할 수 있는 음식을 만들지 못했다. 밀린 채소들이 냉장고 안에서 썩어 버리는 일이 허다했으니 살림점수를 후하게 주었을 리 없다. 그런 점에서 이제는 만족스럽다는 이야기를 하는 것 같아 뿌듯했다.

결정타는 그 뒤에 있었다. '아내분이 요즘 물건을 어디에 두고 못 찾거나 기억이 깜빡하는 일이 있느냐' 고 묻자, 말이 떨어지기 무섭게 "네."라고 힘주어 대답한다. 갑자기 뒤통수를 얻어맞은 기분이었다. 남편은 기다렸다는 듯이 나를 앉혀놓고 맹한 내 치부를 주절주절 늘어놓기 시작한다. 검사관에게 고자질하느라 신이 났다.

'이 남자는 도대체 누구 편이야?' 묘한 기분이 엉키며 점점 더 불쾌해진다. 듣고만 있자니, 나를 벽에다 뭐 바를 사람처럼 몰고 간다.

다음날, 다시 병원을 찾았다. 모니터를 한참 살피던 담당 의

사는 걱정했던 내 검사 결과를, 남편 앞에서 시원스럽게 한 방으로 날렸다.

"부인은 특급 장학생이네요."

아직은 참 좋을 때

나의 유년은 부모님 덕에 비교적 여유로운 도시 생활을 하였다. 잘 짜인 드라마 각본처럼, 승승장구하던 아버지의 토건업은 부도를 맞고 사업이 기울더니, 급기야 병까지 얻어 오랫동안 누워 지내며 고생하셨다. 내가 고등학교 졸업을 한 해 앞둔 겨울 무렵, 아버지는 끝내 이승의 끈을 놓으셨다. 어머니의 고생으로 어렵게 중고등학교를 마쳤다. 나의 가장 민감하고 암울했던 십 대 후반기였다.

대학 졸업 후 직장을 갖게 되고 사회생활이 시작되던 이십 대, 자립능력이 생겼으니 어머니를 돕고 또 내가 꿈꾸어 왔던 미래의 일들을 해 나가야 했지만, 현실은 생각처럼 그렇지 못했다. 운명처럼 다가온 이성에 먼저 눈을 뜨고 거침없는 사랑을 했다. 결국, 인생 최대의 관문인 한 남자의 아내로 정착하게 되었다. 환희와 갈등과 격정의 날들이 반복되었다. 소중한 나의 분신들은 내 이십 대의 튼실한 열매였다.

결혼 전, 내가 살던 시골 하숙집 아주머니는, 꽃봉오리 터지듯 피어나던 나의 이십 대를 보고 '참 좋을 때다.' 라며 속절없이 지나 가버린 당신의 꽃 같던 시절을 못내 아쉬워했다. 으레 하는 말로 여기며 칭찬으로도 감동으로도 다가오지 않던 말이었다.

남편과 아이들을 위해 한눈팔지 않고 열심히 사는 나날이 진정한 행복이라고 여겼던 나의 삼십 대, 더 나은 우리의 환경과 자식의 미래를 위해 허리띠를 졸라매는 일도 두렵지 않았다. 오로지 미래에 대한 창창한 꿈과 패기의 젊음만 있던 시절이었다. 그러나 그 시기에 인척들의 잦은 사고와 죽음은, 인간의 생로병사生老病死를 다시 한번 깨닫게 하고 삶에 외경심마저 들게 했다.

아들딸의 대학입시 진로문제가 내 생의 또 다른 중대한 일이 되고, 우리 가족을 둘러싼 모든 일은 인간의 노력 위에 절대자의 큰 힘이 반드시 존재한다는 믿음이 나를 강하게 지배하던 사십 대, 나는 신앙생활에 매달리기 시작했다.

그 시기에 남편과 나의 승진문제도 우리 부부를 끊임없는 노력과 긴장 속에서 단련시켰다. 맞벌이 부부의 환경에서도 아이들은 바른 품성으로 각자 최상의 학업 성취를 이루며 효를 다하듯 매번 우리에게 큰 기쁨을 안겨 주었다. 돌이켜 보면 날개를 단 기분으로 부러움 없던 그때가 가장 행복했던 시절 아니었나 싶기도 하다.

의과대학 입학으로 서울 생활이 시작된 첫딸과 과학고 수석입학과 함께 일찌감치 집을 떠난 외아들, 그리고 대학입시를 앞두고 기숙사로 들어간 막내딸까지 어느 날 한꺼번에 아이들은 내 품을 떠났다. 매일같이 식탁에 차려놓던 새끼들의 수저를 버릇처럼 준비하다 더는 그럴 필요가 없음을 깨닫던 순간, 가슴 저미도록 밀려오던 그 허전함과 슬픔을 끝내 참지 못하고 그만 울음을 터뜨리고 말았다.

내 분신들은 '품 안의 자식' 이라던 말을 실감케 해주며 그렇게 과거의 시간으로 나를 몰아놓고 자꾸만 멀어지고 있었다. 이후 한동안 허무한 마음의 병은 철없이 길게 이어 가기도 했다.

오십 대, 이별의 그리움에도 적응을 잘해나갔고, 어머니의 자리와 아내라는 굴레에서도 자유롭고 독립적인 날개가 돋아나기 시작했다.

그동안 직장과 살림과 육아로 꿈도 꿔 보지 못했던 꽃구경과 바다 구경, 그리고 음주 가무도 즐기며 직장 동료들과 며칠씩 집을 비우는 여행도 서슴지 않았다. 그렇게 나를 묶고 있던 굴레들이 서서히 여유로움을 보였다. 종부宗婦로서 그동안의 노고와 세 아이의 잇따른 명문대학교 합격은, 나의 자유로운 날갯짓에 더 큰 활력을 불어 넣어준 셈이었다.

졸업에 이어 성공적으로 사회 진출을 한 아들딸들이 훌륭한 제 짝을 만나 실로 내 품을 떠날 때, 정작 나는 슬프지 않았다. 나보다 더 사랑해 줄 그들의 평생 반쪽을 찾아간 것이니, 그같이 기쁜 일이 또 어디 있겠는가. 자랑스러운 명문대 출신의 능력 있고 듬직한 사위가 둘이나 생겼고, 지혜롭고 현숙한 며느리가 생긴 것이다. 나는 나대로 기둥 같은 내 짝이 곁에 있었기 때문에 그 이상 바랄 것이 없었다.

남녀의 호르몬 비례가 자연스럽게 중성화된다는 육십 대, 남편 앞에서 가장 아름다운 여자의 모습으로 남고 싶어 하던 젊은 날의 긴장감은 점점 익숙함으로 편해져 갔다. 눈빛만으로도 서로의 깊은 생각을 헤아리게 되던 나이였다. 그 시기 후반에, 하늘은 남편의 선거 패배를 통해 인생의 참다운 가치를 깨우쳐주었다. 부부는 젊을 때의 사랑이 아닌, 연민의 정으로 서로를 바라보게 했다.

예부터 드물다던 고희古稀!

철없는 마음은 아직도 이팔청춘의 꿈속에 있는데, 어느덧 내가 칠순이라니….

이 나이는 나와 상관없는 아주 먼 세대의 할아버지, 할머니들 이야기로만 알고 살았다. 세월은 보이지 않는 바람처럼, 흘러가는 물처럼, 지금 이 시각도 쉼 없이 아득한 과거로만 자꾸 또 멀어져 간다. 무슨 수로 흐르고 흘러가는 이것들을 붙들어 맬 수 있으랴!

"참, 좋을 때다." 내 젊은 날이 썰물처럼 빠져나간 지금에서야 값진 그 말의 의미를 깨닫는다. 내 인생의 귀한 황금기였던 '참 좋은 그때'를 이제 어디서 어떻게 다시 만날 수 있을까.

인생에서 제일 행복하고 좋았던 시절이 육십과 칠십 대였다고 석학 김형석 교수는 회고하신다. 그렇다. 칠순을 먼저 보낸 인생 선배의 구십 대 나이에서 본다면, 내 나이 만 예순아홉은 젊고 아름다운 나이다. 그러니, 내 젊음을 부러워하던 하숙집 아주머니 말처럼 칠순은 '아직 참 좋을 때'이지 않겠는가!

Re: 엄마 글

보낸사람 : 신계이<gayshin@yahoo.co.kr>

보낸날짜 : 14.04.17 09:22

사랑하는 아빠, 엄마

혼자 밥 먹기 싫어서 식당에 왔어요. 오른쪽에는 흑인이, 왼쪽엔 백인 커플이 앉아 있어요.

다행히 인터넷이 되어서 모처럼 이메일을 체크 했어요. 일단 다 열어보지만, 정작 읽어보기 전에 호출 받고 일어나는 저의 일상에서 벗어나서, 모처럼 저의 care를 필요로 하는 환자도 가족도 없이, 엄마의 메일을 아주 아주 느린 속도로 읽어요.

…….

그리고 폭풍 치듯 울어버렸어요.

…….

엄마의 아픔은 엄마를 아는 딸들에 의해서 appreciated 되는 것 같아요.

외할머니는 잘 기억할 수가 없었던 탓에, 엄마의 글을 통해 외할머니의 모습을 다시금 그릴 수 있었던 오늘이었어요. 참 이기적인 것이 사람인가 봐요. 외할머니는 외할머니지, 여자도, 엄마도, 아내도 아닌 것이었어요. 외할머니의 삶을 들여다보게 한 엄마의 글과 엄마의 닮은이에 대한 글에 저는 가슴이 터져 버린 것 같아요.

(근데 엄마… 누구도 이렇게 글을 잘 쓰지 못해요. 엄마… 천재세요. 목련이 신발에 짓밟힌 묘사를 누가 이렇게 하나요. 딸이 아닌 anonymousperson으로서 엄마 글에 몰입되어 버려요.)

오늘 엄마 글을 읽고 나서는…. 내가 사랑할 수 있는데 더 하지 못하고, 내가 더 해줄 수 있는데 핑계대고 합리화시키는(저 자신을 위한 합리화) 저를 보아요.

엄마는 작가가 솔직할 수 있어야 공감을 얻어내는 것을 , 그리고 우리 모두 안에 있는 연약함을 엄마 자신을 깨부숨을 통해 보여 주셔서, 읽기를 멈출 수 없게 하세요. 지난 세월의 무디고 무딘 시간들의 비밀을 엄마 글을 통해 다시 들여다보게 해주셔서 감사합니다.

엄마 글은 저와, 심지어 엄마를 모르는 사람들에게 healing 의 clue 가 될 거여요.

정신없이 썼어요.

엄마 따라 저도 상추도 심고 토마토도 심었는데, 우리 고양이님이 다 파먹었어요.

아빠 엄마 아프지 않길 매일 기도해요.

사랑해요….

나의 iPad에서 보냄

산비둘기는 내 마음에서 울고

시어머님마저 떠나시고 몇 년째 비워 둔 집, 너른 마당에는 허리 높이로 자란 이름 모를 풀들이 온통 제 세상을 이루고 있다. 사랑채에 양지를 내주고 200년 넘게 북향으로 앉은 낡은 안채가 침묵하듯 방문마다 자물쇠를 굳게 채우고 적막하다.

두 손목에 힘을 주어 오르던 높은 마루는 사시사철 응산 지고 살짝 기울기까지 하여, 물기 언 섣달 새벽, 문안 인사드리던 새색시를 두렵게 했다. 뿌연 먼지를 훅 불어 제치고 그 마루 끝에 옹색하게 걸터앉아 남편이 긴 숨을 뱉는다.

굴뚝 연기 끊어진 부엌으로 들어선다. 허리 구부려가며 개미처럼 모아두기만 하고 때지도 못한 어머님의 솔가지 단이 그

을린 천장 가까이 그득하다. 살강 밑에서 늘 젖어 있던 묵직한 기명 통이 바짝 말라 있다. 플라스틱에 익숙했던 내 눈에 통나무를 파내어 만든 설거지통은 참 생경했었는데, 이제는 고물상인이나 눈독을 들일 물건이 되어있다.

지덕 사나운 부엌 문턱을 하루에도 몇 번씩 오르내리며 밥 한 톨, 생선 가시 한 점 함부로 버리지 않고 돼지 밥통으로 걸러내던 알뜰한 어머님을 떠올린다. 뿌옇게 김 오르던 시루에서 고슬고슬한 찰밥 한 주걱 떼어 "떡메치기 전 먹어야 맛있다."며 며느리 입맛 챙겨 주시던 모습. 손님처럼 들르던 내 밥상의 찬마다 언제나 고운 깨를 정성껏 뿌리고 어린 종부가 좋아하는 콩을 늘 잊지 않으시던 어머니시다.

빽빽한 부엌 뒷문을 열어젖히니, 삐걱하는 마찰음과 함께 밝은 햇살이 쏟아져 내린다. 수많은 대소사를 치러내며 씨 간장 품던 종가의 항아리들이 한 귀퉁이씩 달아나고 금이 간 채로 장독대 볕 바른 자리에서 한가롭다.

대밭 언덕 밑으로 얼굴을 내민 작은 머위 잎에 눈길을 주던 남편이 나를 향해 손짓하며 어머님의 손맛을 그린다. 갖은 양념에 조물거린 쌉쌀하고 고소한 머위 무침. 그 그리움의 입맛을 저녁상에 올려야 할 것 같다.

한 뼘의 하늘도 보이지 않은 뒤란 빽빽한 대밭 언덕으로 남편을 따라 오른다. 뱀이 나올 것 같아 혼자서는 한 번도 들어가 보지 못했던 곳이다. 우후죽순이라더니 엊그제 비에 여기저기 어린 대순이 삐죽삐죽 많이 올라와 있다. 두 명절과 기제사에 올릴 나물 채비로 머위 줄기를 비롯한 토란대와 죽순을 데쳐 말리느라 어머님의 손은 쉴 날이 없었다.

남도에서까지 왕대를 사러 오던 시절이 있었다는데, 대나무들도 종손의 어려운 기운을 읽었는지 쇠약하다. 종가로 이어오며 전설 같은 많은 이야기를 품어오던 대 숲에선 이제 베어져야 할 운명을 직감이라도 한 듯, 한바탕 바람에 설움을 토하듯 슬픈 댓잎 소리를 냈다.

폭설이 쏟아지던 신혼의 겨울밤. 밤새 언덕에서는 뚜둑, 뚝하며 생가지 꺾이는 소리가 났다. 생명의 대숲에도 질곡이 있음을 가여워한 것일까? 눈 뜨기 무섭게 언덕에 올라가 휘어지게 쌓인 대나무 가지의 눈을 터느라 새신랑은 벌건 얼굴을 하고 설인이 되어 있었다.

"온통 눈을 뒤집어쓰고 씩씩거리는데, 그땐 그런 당신의 모습도 그저 좋기만 했었지요."

"그런데 지금은 아니란 말인가?"

단꿈에 젖어 모든 것이 좋아 보이기만 하던 그때의 감정을 끄집어내어, 말없이 대밭을 걷던 남편의 착잡함을 달래보려는 데 조금은 쑥스러웠는가 보다. 인기척을 느낀 산비둘기가 소리를 뚝 멈춘다. 대밭의 비둘기 후손들은 아직도 이곳을 떠나지 않은 모양이다.

퇴근이 늦는 신랑을 기다리며 혼자 남겨질 때가 많던 새색시는 친정 같지 않은 시집 생활의 어설픔에 고적하다는 생각을 자주 했었다. 그때마다 뒤란 언덕의 대밭에서는 "구—구구" 하고 산비둘기가 울었다. 한 마리가 소리하면 또 다른 비둘기가 "구—구구" 하고 화답하여 그 둘은 늘 같이하는 비둘기 부부라는 생각도 했다.

결혼 전, 시댁 이웃 마을에서 하숙 생활을 하던 나는 집에 다녀오는 일요일이면 마력처럼 어떤 강한 힘에 끌려 이 마을 앞을 지나치지 못했다. 버스에서 내린 어둑한 저녁임에도 발길은 으레 마을 깊숙한 그의 집을 향하고 있었다. 조삼재 양옆으로 빽빽하게 늘어선 솔밭의 휘휘한 바람 소리도 그리운 사람을 찾아 방황하던 그 마음을 붙들지 못했다. 그때마다 나의 애절한 사랑놀이를 안타깝게 여기기라도 하듯, 어디선가 "구—구구" 하는 산비둘기 소리가 한참을 따라오며 나를 더욱 처량하게 했다.

동네 아랫사람들에게 책잡히면 안 된다는 엄중한 법도에서 벗어나 15대 종부의 자리에 앉기까지 사연 많던 그 시절을 떠올리게 하는 비둘기 소리는 그래서 더욱 애잔한 여운으로 내게 남아 있다. 산비둘기는 옹송한 마음으로 재를 넘는 예비 안주인을 애틋한 울음으로나마 반겨준 것은 아니었을까.

가슴팍을 도려낸 듯 깊은 상처를 안고서도 해마다 새잎을 내던 늙은 모과나무 아래를 지나, 검은 둥치가 고목의 비늘로 일어난 초 감나무 밑으로, 남편의 뒤를 따르며 고향 집 이곳저곳을 눈에 담는다. 약방 할아버지께서 손수 달여 내려보내신 어린 종손의 보약을 몰래몰래 버렸다던 물웅덩이 옆에서, 남편은 쓴 약보다 더 씁쓸한 웃음으로 철없던 옛일을 더듬었다.

모든 것이 볼품없이 낡고 늙어 가는데, 제대 기념으로 심었다던 수 십 년 된 호랑가시 한 그루만은 사랑채가 있던 대문간 앞에서 아름드리 청년의 기세로 서 있다. 조삼재 언덕으로 울울이 들어섰던 솔숲은 특용작물 밭이 되었고, 말 타고 가마 타던 안길로 시멘트 공장의 기계와 자동차 소리가 요란스러워진 지 오래다. 시대가 빠르게 변하고 있음을 푸른 봉분 아래 누운 조상님들께서도 벌써 감지하고 계셨으리라.

대대손손 종가로 이어오던 생가에 굴착기를 들였다. 지난 폭우에 무너져 버린 담벼락이 순식간에 흔적 없이 치워진다. 호령하며 버티고 섰던 고택의 기둥들이 불도저의 골리앗 같은 힘에 맥없이 주저앉는다. 수백 년을 켜켜이 쌓아오던 종가의 희비애락이 한바탕 귀를 울리며 쏟아지더니 이내 속절없이 허공으로 흩어진다. 비밀스럽게 숨어 울던 대나무 숲 속의 산비둘기 소리도 젊은 날의 애끓던 사랑 이야기와 함께 조용히 묻혀간다.

남편은 조상이 남겨준 많은 농토를 지켜내지 못했다. 인생 후반기에 질풍노도와 같은 운명적 시련기를 겪으며 우리는 그것들을 눈물로 떠나보내야 했다.

가까스로 남겨진 종손 생가터와 언덕의 대밭으로 새로운 땅을 일군다. 광활한 푸른 하늘 아래로 서서히 붉은 대지가 드러난다. 오랜 시간 갇혀 있던 특별한 냄새가 훅하고 뼛속까지 바람을 탄다.

마음은 벌써 이곳에 수십 그루의 감나무와 매실나무와 달콤한 대추나무를 심고 있다. 우리 아이들에게 보낼 고구마, 감자, 들깨, 땅콩까지도.

이제 아픈 상처는 지워야 한다. 떠나간 모든 것들에 미련으로 매달릴 수만은 없다. 남편과 내 운명이 얽혔던 소중한 터.

내게 남겨진 이 땅, 여기서부터 나는 새롭게 흘리는 땀과 열매로 다시 종가의 역사를 써 갈 것이다.

늦은 고백

나는 먼 길을 떠나려는 어머니의 길고도 특별한 여정에 배웅을 나선다. 요양원 침대에 묶인 두 손을 풀러 달라며 애처롭게 조르던 친정어머니가 지금은 아무런 저항도 없이 입관을 준비하는 장례사에 온몸을 내주고 있다. 수의에 싸인 두 팔과 두 다리가 익숙하고 일사불란한 그들의 손놀림으로 다시 묶이고 있다. 이미 육신으로부터 빠져나왔을 어머니의 영혼이 외롭게 떠날 이 길이 두려워 차마 발을 떼지 못하고 여기 어디쯤에서 서성이고 있을 듯하다.

이제 마지막 인사를 드려야 한다. 포에 가려졌던 어머니의 얼굴이 창백하게 드러났다. 처음 대하는 죽음의 실체다. 핏기 없어 희고 싸늘한 밀랍 같은 어머니의 모습을 보는 순간, 나는 짧은 신음을 토하며 그대로 주저앉는다. 절제 당한 각자의 슬픔이 불규칙하게 섞이며 서늘하고 엄숙한 기운을 흩어 놓는다.

깊은 잠에 빠진 듯한 어머니의 두 눈이 철문처럼 굳게 닫혀 있다. 거추장스러운 인공의 생명줄에서 벗어난 어머니의 모습이 오히려 평온하다. 가까이 다가가 어머니의 얼굴을 조심스럽게 어루만져본다. 지금껏 느껴보지 못한 싸늘한 냉기가 손바닥을 타고 등줄기를 훑는다. 두렵고 낯선 기운이다. 이미 기능을 상실한 어머니의 귀 가까이에 무릎을 꿇는다.

"엄마, 사랑해요. 엄마, 사랑해요."

주체할 수 없는 감정의 봇물이 터진다. 그동안 한 번도 전하지 못한 때늦은 나의 고백이다. 내 곁에서 영원할 것만 같던 어머니였는데, 그 생의 끝이 현실이다.

엉덩관절 수술 후 점점 거동이 불편해진 어머니를 요양원에 모실 때 나는 합리적 사고를 내세웠다. 어쩌면 그것은 맏딸인 내가 감당해야 할 책임과 양심의 지분을 슬며시 벗어버리려 했던 것일지도 모른다. 늘 당신보다 자식들 편에서 마음 쓰며 종종거리던 어머니의 생각을 무시한 처사였다.

노후의 어머니를 잠시 모시는 동안에도 불편한 노인네의 뒷

수발에 여러 눈치를 보며 내 생활이 방해받는다는 이기적인 생각마저 했다. 시어른들께 하던 노력의 반도 내 어머니에게는 베풀지 못하던 나의 위선은 시시콜콜 잔소리로 어머니를 가르치려 했다.

공기 좋고 제때에 의료 돌봄 서비스를 받는 요양원에 정을 붙이던 어머니가 다행스러웠다. 간식을 챙겨 간간이 뵙고 오는 것으로 도리를 다한다고 스스로 위로했다. 어머니는 자식들 집을 오가며 마음고생 하는 것보다 요양원 생활이 차라리 속 편하다고 체념했던 것은 아니었을까.

유리알처럼 반짝이는 호수를 끼고 솔바람 불어오는 언덕을 오르면 미리내 성당 가까이에 휴양지 같은 요양원이 있다. 8년 가까운 그곳 생활이 어머니의 생각을 단조롭게 했는지, 의식은 자꾸만 퇴색해 갔다. 나는 의도된 질문으로 꺼져가는 어머니의 기억과 만나려 애썼다. 그때마다 '큰딸', '큰사위'라는 우리의 관계와 이름을 답하며 천륜의 끈을 놓지 않으셨다. 되풀이되는 똑같은 물음에도 말 배우는 아기처럼 짤막한 말로나마 꼬박꼬박 응해주시던 날은, 집으로 돌아오는 먼 하룻길도 힘들지 않았다.

올봄부터 어머니는 피부병까지 도져, 보기가 너무 안타까웠다. 모진 풍파를 이기고 살아온 세월만큼 온몸은 고목의 껍질처럼 부스럼이 일었다. 극심한 가려움을 못 이기고 온통 피딱지를 만들며 긁어대던 두 손이 결국 묶였다.

휠체어 탈 기력도 없어 귀찮아하시며 누워만 지내시더니 욕창이 깊어졌다. 살을 파고드는 통증도 있으련만 참으시는 것인지, 감각이 없으신 것인지, 어머니는 표정도 말씀도 점점 사라졌다.

당신 자유 의지로 할 수 있는 일이라고는 아무것도 없었다. 콧줄과 오줌 줄은 연명을 위한 최소한의 섭생과 배설의 통로였고 그것은 자식들의 옹색한 마지막 도리였다.

밖은 당신이 그토록 좋아하던 노란 참외가 널린 여름인데, 겨울철이라 답하며 참외 장수 외치는 소리에 무의식적인 미각 반응을 보이셨다. 내게 간절한 눈빛과 손짓으로 조르시며 철부지 어린애가 된 어머니를 달래느라 나는 마음을 쥐어짜야 했다.

일제강점기에 종군위안부로 끌려가지 않으려 시집을 서둘렀던 열아홉 색시는, 아홉 살 연상의 호탕한 성격의 아버지를 만났다.

"니 아버지 기집질할 때 '벽도' 란 그 기생년한테서 네 나이와 똑같은 딸 하나가 있었어. 그것이 세 살 먹었을 때 죽었으니 망정이지, 아이고 웬수…."

돌부처도 돌아앉는다는 시앗 꼴을 본 어머니가 수십 년 담아두던 가슴의 한을 어느 날 내게 풀어 보이셨다.

"돈 물 쓰듯 할 때는 사람들 득실득실 달라붙더니만, 죽을 마당에 개미 새끼 한 마리 어디 찾아오더냐?"

"벽도란 년도 얼마 전에 죽었다더라."

그것은 아버지의 새로운 과거였다. 어머니의 미움과 원망의 긴 세월이 정리되어가고 있었다. 나는 여인의 동질성으로라도 어머니의 고통을 어르며 아버지를 성토했어야 했지만, 묵덕보살로 앉아 어머니의 맺힌 한을 한마디도 거들지 못했다. 아버지의 피가 섞인 또 다른 동갑내기 계집애의 존재와 죽음에 대해서만 여러 갈래의 생각에 멈추었을 뿐, 이미 고인이 된 아버지를 비난할 마음이 없었다,

건축업을 하며 돈 헤프던 미식가에겐 술과 여자가 따르는 것은 어쩌면 당연한 일이었다. 절제 없는 삶과 도산의 충격으로 병을 얻고 오랜 세월 퀴퀴한 방에 누워만 지내시던 아버지였다. 그런 장막 같은 패배의 삶이 어머니의 질척거리는 고난으로 원망과 미움이 되었다 해도, 나는 아버지의 단절된 젊은 날의 피맺힌 생을 더 동정할 수밖에 없었다.

다급한 학용품 준비로 외상거래를 하던 나의 못된 버릇에 쐐기를 박으며 유난히 결벽스럽던 어머니는, 마흔둘에 혼자되어 오 남매 가르칠 기력이 휠 때는 꼿꼿하던 자존감마저 뭉개지는 모습을 자주 보였다. 나는 부끄러운 가난에 친구마저 멀리하며 비뚤어진 사춘기로 순간마다 어머니에게 대항했다. 궂은일에 어머니의 뼈마디 골수는 숭숭 구멍 난 엿가락처럼 허허롭고 힘든 세월이었지만, 학업을 포기해야 한다는 생각은 전혀 하지 않았다. 나는 자식을 가르치는 부모의 희생은 당연한 일이라 여겼다.

돈푼깨나 들었을 산수화 병풍과 마지막 어머니의 가락지마저 학비로 바꾸며 새끼들 배를 채울 수 없는 거치적거리는 것들은 모두 연기로 사라졌다.

가장 행복했을 내 유년시절의 역사인 두툼한 사진첩마저 어머니의 고달픈 생에 무의미한 기준으로 사라지게 되었음을, 배부른 지금에 이르러 나는 가장 아린 아쉬움으로 남는다.

어머니는 팍팍한 세월에 당신 신수가 이제 곧 펼 것이라는 점쟁이의 말을 신앙처럼 믿으며 자식들에게 모든 희망을 걸었다. 빠른 학업 기간에 졸업과 동시, 안정적인 직장을 갖는 교직의 길 외엔 내겐 다른 선택의 여지가 없었다. 그렇게 집을 떠났고, 일찌감치 자유롭고 독립적인 내 생활과 사랑에 빠지면서 나는 또 어머니의 마음을 아프게 했다.

그동안 고생한 어머니를 경제적으로 도와드려야 할 양심마저 떨어내며 서둘러 시집을 갔다. 동생들의 삶터를 따라 외지로 떠난 친정 일은, 내 새끼들과 살림에 열중하는 동안 내게서 더욱더 먼 강 건너 일이 되었다.

요양원 침대 머리맡에 놓인 예수의 사진을 보며 기도를 올릴 때. 사진의 인물이 누구냐고 묻는 말에, 어머니는 그분을 내 이름으로 답하셨다. 그리고 유난히 병실의 천장을 두리번거리시더니 한 지점에 멈춰 오랫동안 응시했다. 사흘 전, 어머니를 마지막으로 보고 내려오던 날이었다.

장례식 첫날 저녁, 여동생은 어머니가 오래전 자기에게 부탁하셨던 이야기를 나에게 털어놓았다. 매장과 화장의 선택 의지도 당당히 펴지 못하며 자식들 처분만 보던 어머니는, 만약 당신을 화장하게 되면,

"어머니, 뜨거운 불길에서 빨리 나오세요."라고 여러 번 외쳐 달라는 부탁이었다. 당신 존재의 영원한 소멸을 무척 두려워하셨던 어머니는 그리해야 영혼만은 타지 않는다는 속설을 믿고 계셨다. 붙임성도 없고 무심하여 잔정 없는 아들만도 못한 내가, 어머니의 진정한 뜻을 새겨듣지 않을 것으로 생각하

셨을 것이다.

장례사가 작은 의식마다 예를 갖추며 지신을 신겨드리는 일을 마지막으로 조심스럽게 어머니의 얼굴을 다시 덮고 싸맨다. 당신 손을 거쳐 장성한 손자 손녀들이 참았던 울음을 쏟아낸다. 아들의 따뜻한 두 손이 잠시 비틀거리는 내 어깨 위로 얹어졌다.

어머니가 올봄 폐렴에서 한고비를 넘기실 때, 마음의 준비를 해야 할 때라는 것을 알아챈 남동생들은 천주교 공원묘지에 사리를 마련하고 어머니를 용광로 같은 불길에 넣지 않았다.

빛바랜 흑백 사진 속에서 수줍게 서 있던 코스모스를 닮은 어린 색시는, 단풍 짙던 푸른 하늘빛 가을날, 빈손으로 먼 길을 홀연히 떠나셨다.

아물지 못한 회한의 상처가 문득문득 거짓 없는 내 고백에 씻길 때마다, 가슴 쓰리고 먹먹하여 목울대가 뜨거워진다.

– 친정어머니는 2015. 11. 9.(월) 오후 9시 30분경 운명하셨습니다.
위로해 주시고 조문해주신 모든 분께 진심으로 감사드립니다.

부록

김덕남 작품

여행스케치

부산여객선터미널 2010. 3.

기다리는 사람들 2014. 11.

스페인 성가족 성당 2014.

홋카이도 오타루 운하

김덕남 작품

펜 그림

제주도 「에코랜드 간이역」 2015. 5.

캐논카메라

포스트맨

이태리 여행스케치 2015. 9.

국화 앞에서 2013. 11.

제주도 주상절리 2014. 3.

수확

공저 「추억의 사립문」의 삽화

팽이치기

박

이 잡기

우리 순이

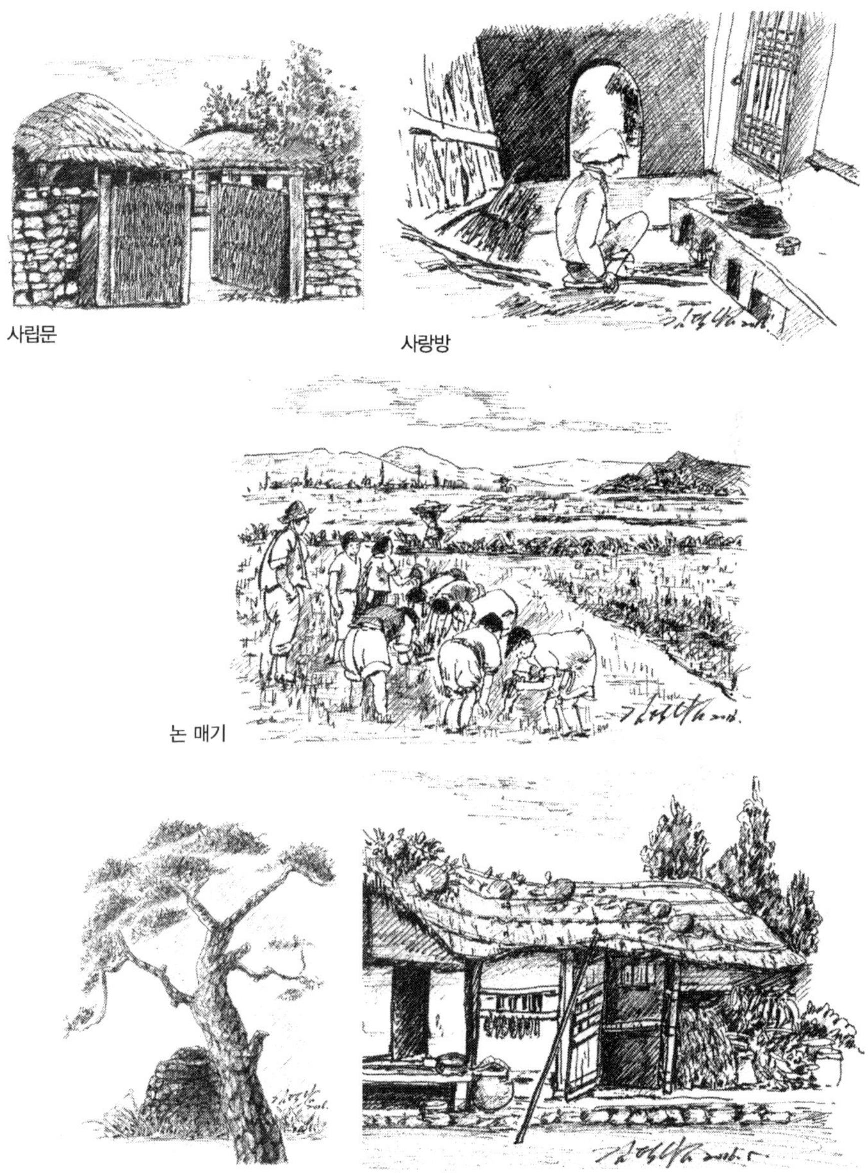

사립문

사랑방

논 매기

고방

고구마 장수

귀향

검정고무신

시집가는 날

초원

진실한 사랑 2016. 4.

벚꽃 그늘 아래서 2014. 4.

선암사 승선교 2016. 8.

해바라기

계곡의 숲 2015. 8.

무주 구천동의 단풍길
2015. 10.

제주도 새별오름에서 2016. 10. 23.

지난겨울의 계곡 2017.

햇살 2017.

능소화 2017.

백작약 2015.

그 숲에 가면 2014.

강변의 가을 2017.

가을의 향연 2016.

섬진강의 추억 2017.

평화 2016. 9.

훗카이도 오타루 운하

《에세이스트》
신인상 수상식장에서
가족과 함께
2016. 3. 16.